Die Zeit des Endes
Werner Mücher

WERNER MÜCHER

Die ZEIT des ENDES

Daniel

„Und es wird geschehen an jenem Tag, da wird kein Licht sein; die Gestirne werden sich verfinstern. Und es wird *ein* Tag sein (er ist dem HERRN bekannt), nicht Tag und nicht Nacht; und es wird geschehen zur Zeit des Abends, da wird es Licht sein ... Und der HERR wird König sein über die ganze Erde“ (Sacharja 14,6–9).

Die Bibelzitate stammen aus der überarbeiteten Elberfelder Übersetzung (Edition CSV Hückeswagen) 3. Auflage 2009.

5., leicht überarbeitete Auflage 2014

Lychener Str. 7, OT Retzow
17279 Lychen
www.daniel-verlag.de

Satz: Daniel-Verlag
Umschlaggestaltung: Jürgen Benner, ideegrafik
Druck und Bindung:
ISBN 978-3-935955-89-8

Inhalt

Einführung

Die Welt verändert sich mit großer Geschwindigkeit. In den 90er Jahren des vorigen Jahrhunderts haben gewaltige Umwälzungen in Osteuropa stattgefunden. Der Eiserne Vorhang samt der Berliner Mauer fiel und die Wiedervereinigung Deutschlands vollzog sich sehr schnell.

Immer mehr tritt Israel in den Brennpunkt des weltweiten Geschehens. Es ist noch keine drei Jahre her, dass der sogenannte arabische Frühling ausbrach. Anfänglich war die weltweite Begeisterung über die Veränderungen groß, inzwischen gibt es in einigen Ländern zum Teil bürgerkriegsähnliche Zustände. Die Gefahr einer atomaren Auseinandersetzung zwischen Iran und Israel ist nicht gebannt. Wird es zu einem dauerhaften Friedensvertrag zwischen Israel und den Palästinensern kommen? Die Nachbarn Israels nehmen in den biblischen Prophezeiungen einen beträchtlichen Raum ein.

Außerdem schaut die ganze Welt zurzeit auf Europa. Bleibt der Euro die gemeinsame Währung der siebzehn Staaten, die eine Währungsunion bilden? Müssten einige Länder nicht den Bankrott anmelden? Behält der Euro seinen Wert oder gibt es irgendwann sogar eine Währungsreform? Wie wirken sich die finanzpolitischen Veränderungen auf die übrige Welt aus? Bekommen die USA ihre Finanzen in den Griff? Bleiben das Wachstum und die Finanzsituation in China stabil? Wie geht alles weiter?

Manche sind sehr erstaunt, wenn man ihnen sagt, dass man über die künftigen Entwicklungen, insbesondere in Bezug auf Israel und Europa, etwas in der Bibel lesen kann.

Viele haben sicher bereits das eine oder andere Buch über Prophetie gelesen, doch manches war ihnen zu kompliziert oder sie haben die Einzelheiten wieder vergessen. Es ist mein Anliegen, in diesem Büchlein einen kurzen Überblick über die wesentlichen zukünftigen Ereignisse in ihrer möglichen Reihenfolge zu geben und damit nicht zuletzt bei jungen Lesern das Interesse für die biblische Prophetie zu wecken. Dazu möchte ich eine Reihe von Bibelstellen zitieren und in ihrem Zusammenhang auslegen, um so vor allem die Bibel selbst zu Wort kommen zu lassen. Daher ist es meine Bitte an jeden, der dieses Büchlein in die Hände bekommt, es zusammen mit der Bibel zu lesen.

Doch mein erstes Anliegen ist, dass alle, die von Herzen an unseren Herrn und Heiland glauben, Ihn freudig erwarten.

Marienheide, März 2014
Werner Mücher

Zeitpunkte

„Von jenem Tag aber oder der Stunde weiß niemand, weder die Engel im Himmel noch der Sohn, sondern nur der Vater. Gebt acht, wacht und betet; denn ihr wisst nicht, wann die Zeit ist“ (Markus 13,32.33).

Von jeher haben sich Menschen, die sich mit der biblischen Prophetie der Endzeit beschäftigt haben, die Frage gestellt, wann die noch ausstehenden Ereignisse denn nun geschehen werden. Die Antwort lautet: Wir wissen es nicht genau. Es kann morgen geschehen; es kann auch noch eine gewisse Zeit dauern. Die erste und wichtigste Frage ist daher für uns nicht, wann sich all die biblischen Prophezeiungen erfüllen werden, sondern ob wir zu jeder Zeit bereit sind, mit ihrer Erfüllung zu rechnen.

Dabei wollen wir auch nicht vergessen: Gott bringt zurzeit eine reiche Ernte ein. Tausende von Menschen bekehren[1] sich in Ländern wie China, Nordkorea, Südamerika usw. Gott tut ein gewaltiges Werk. Lasst uns ernstlich dafür beten, dass sich auch in anderen Ländern die Türen für das Evangelium noch einmal weit öffnen.

---

[1] Unter Bekehrung verstehen wir in diesem Büchlein nicht etwa einen Wechsel von einer Religion zu einer anderen, sondern die bewusste Annahme des Evangeliums Jesu Christi, die verbunden ist mit einem Schuldbekenntnis vor Gott und der gläubigen Annahme des Versöhnungswerkes Jesu Christi auf dem Kreuz.

Die Erfüllung endzeitlicher Prophetie hat bereits begonnen – der Staat Israel

„Von dem Feigenbaum aber lernt das Gleichnis: Wenn sein Zweig schon weich wird und die Blätter hervortreibt, so erkennt ihr, dass der Sommer nahe ist. Ebenso auch ihr, wenn ihr dies alles seht, so erkennt, dass es nahe an der Tür ist. Wahrlich, ich sage euch: Dieses Geschlecht wird *nicht* vergehen, bis dies alles geschehen ist“ (Matthäus 24,32–34).

Seit Mai 1948 gibt es wieder einen Staat Israel, und das nach einer Unterbrechung von nahezu 1900 Jahren. Mit der Staatsgründung Israels hat die Erfüllung der endzeitlichen Prophetie der Bibel in gewissem Sinn ihren Anfang genommen. Eine der deutlichsten Schriftstellen dafür finden wir in Matthäus 24, wo der Herr Jesus in den letzten Tagen seines Erdenlebens über die Zukunft des Volkes Israel gesprochen hat.

Seine Jünger hatten Ihn gefragt, woran sie erkennen könnten, wann Er wiederkäme. Der Herr nannte ihnen auf diese Frage hin jedoch keinen genauen Zeitpunkt, sondern sprach u. a. über den Feigenbaum als ein Zeichen. Wer das Matthäusevangelium studiert, wird sehen, dass der Feigenbaum ein Bild vom Volk Israel ist (Matthäus 21,18–21; vgl. Joel 1,7; Römer 11). Sehr deutlich wird das durch den Ausspruch: „Dieses Geschlecht[2] wird nicht vergehen, bis ...“ (V. 34), der

---

[2] Der Ausdruck „Geschlecht“ kann zwar mit „Generation“ übersetzt werden, aber das ist hier nicht die Bedeutung (vgl. z. B. 5Mo 32,5.20; Ps 12,8; Mt 11,16; 12,39–45; 23,36; Apg 2,40).

sich eindeutig auf das Volk Israel bezieht. 2000 Jahre Geschichte beweisen die Wahrheit dieser Worte. Wie viele Völker haben schon versucht, dem Volk Israel den Garaus zu machen, und viele versuchen es noch immer! Eins der abscheulichsten Beispiele dafür ist das, was das deutsche Volk im vergangenen Jahrhundert den Juden angetan hat. Das treibt uns als Deutschen noch heute die Schamröte ins Gesicht.

Die Zweige des Feigenbaums würden also einmal weich werden und Blätter hervortreiben. Ja, die Zweige sind bereits weich geworden und haben Blätter hervorgetrieben, denn dieses Bild bezieht sich auf die *nationale* Wiederherstellung des Volkes Israel. Doch einmal wird der Augenblick kommen, wo der Feigenbaum reife Früchte für Gott bringen wird; dann wird Israel auch *geistlich* wiederhergestellt sein. Und diese Zeit wird nicht mehr lange auf sich warten lassen, denn wir erkennen heutzutage deutlich, „dass der Sommer nahe ist".

Im Buch des Propheten Hesekiel finden wir in Kapitel 37 eine ausführliche bildhafte Beschreibung der *nationalen* und der darauffolgenden *geistlichen* Wiederherstellung Israels. Dort sieht Hesekiel Totengebeine, die zusammenrücken und mit Sehnen, Fleisch und Haut überzogen werden: Das ist die nationale Wiederherstellung (V. 1–8). Die anschließende geistliche Wiederherstellung geschieht, wenn der Odem Gottes das Volk anhauchen wird und es auf diese Weise zum Leben erweckt (V. 9–14).

Es gibt zahllose weitere Stellen im Wort Gottes, die dieses grandiose Ereignis der Wiederherstellung des

Volkes Israel beschreiben. So sicher, wie sich ein Teil dieser Vorhersagen bereits erfüllt hat, so sicher werden sich auch all die anderen Vorhersagen erfüllen. Wenn es etwas Zuverlässiges im Wandel der Zeiten gibt, dann ist es das Wort Gottes.

Das Volk Israel ist und bleibt das Volk Gottes, auch wenn Gott für eine Zeit harte Wege mit ihm gehen muss, weil es Ihm nicht gehorsam war. Der preußische König Friedrich der Große soll einmal seinen Hofmarschall aufgefordert haben, ihm einen Beweis für die Existenz Gottes zu geben. Darauf war dessen kurze Antwort: „Majestät, die Juden!"

Die brennende Frage ist nun: Was wird wohl als Nächstes geschehen?

Die Entrückung aller wahren Gläubigen

„Wir wollen aber nicht, Brüder, dass ihr, was die Entschlafenen betrifft, unwissend seid, damit ihr nicht betrübt seid wie auch die Übrigen, die keine Hoffnung haben. Denn wenn wir glauben, dass Jesus gestorben und auferstanden ist, so wird auch Gott die durch Jesus Entschlafenen mit ihm bringen. (Denn dieses sagen wir euch im Wort des Herrn, dass wir, die Lebenden, die übrig bleiben bis zur Ankunft des Herrn, den Entschlafenen keineswegs zuvorkommen werden. Denn der Herr selbst wird mit gebietendem Zuruf, mit der Stimme eines Erzengels und mit der Posaune Gottes vom Himmel herabkommen, und die Toten in Christus werden zuerst auferstehen;

danach werden wir, die Lebenden, die übrig bleiben, zugleich mit ihnen entrückt werden in Wolken dem Herrn entgegen in die Luft; und so werden wir allezeit bei dem Herrn sein. So ermuntert nun einander mit diesen Worten)“ (1. Thessalonicher 4,13–18).

Die Entrückung der Gläubigen durch den Herrn selbst ist das nächste Ereignis, das geschehen wird, und damit wollen wir uns jetzt beschäftigen. Es gibt meines Erachtens kein Ereignis, das noch vorher geschehen müsste.[3]

Der Anlass für den Apostel Paulus, darüber zu schreiben, war eine Unklarheit, die die Gläubigen in Thessalonich hatten. Sie hatten offensichtlich zu einem früheren Zeitpunkt von dem Apostel gehört (als er sich für eine Zeit unter ihnen aufhielt), dass Jesus wiederkommen würde. Das war die Hoffnung der Gläubigen damals und auch die des Apostels Paulus, denn er schreibt: *„wir, die Lebenden“*. Das Kommen Christi sollte die stete Erwartung aller Gläubigen sein. Diese Hoffnung ist eine Quelle der Kraft und der Freude.

Nun waren seit seinem Aufenthalt in Thessalonich einige der Gläubigen dort entschlafen, und die Hinterbliebenen waren betrübt, dass die Entschlafenen

---

[3] Viele bibeltreue Christen warten zwar auf die Errichtung eines Tempels in Jerusalem, wo orthodoxe Juden wieder opfern werden. Ich halte es nicht für ausgeschlossen, dass es sich bei diesem Tempel um ein Gebäude handelt, das nur vorübergehend zum Zweck der Opferung genutzt wird. Jedenfalls spricht Paulus von einem „Tempel“, in den der Antichrist sich setzen und in dem er sich als Gott verehren lassen wird (2. Thessalonicher 2,4). Sogar wenn ein neuer Tempel gebaut würde, so wäre das keinesfalls der endgültige Tempel, der nach der Beschreibung in Hesekiel 40–48 erst im Tausendjährigen Reich errichtet werden wird.

das Kommen Christi nicht miterleben würden. Paulus schreibt ihnen als Antwort auf die Frage, was mit den Entschlafenen geschehen würde, dass Gott die „durch Jesus Entschlafenen“ mit Ihm bringen würde. Wenn Christus aus dem Himmel wiederkäme, um das Reich zu errichten, würden alle durch den Herrn Entschlafenen zusammen mit Ihm kommen. Dafür würde Gott sorgen. Das bedeutet, dass diese entschlafenen Gläubigen also, um dann mit Ihm kommen zu können, vorher auferweckt werden und bei Ihm sein müssen. Wie das geschehen wird, wird in dem oben zitierten Abschnitt aus 1. Thessalonicher 4 weiter erklärt.

Zuerst einmal sagt der Apostel, dass er darüber eine besondere Offenbarung, ein „Wort des Herrn“, empfangen habe. Schaut man sich diese Stelle genau an, erkennt man, dass hier zweimal von einem Kommen die Rede ist: Jesus wird wiederkommen, wobei Gott die durch Ihn Entschlafenen mit Ihm bringen wird. Aber zuvor wird Er kommen, um sie zu „entrücken“, das heißt also, um sie zuerst einmal zu sich zu holen (V. 17), bevor Er dann zu einem späteren Zeitpunkt mit ihnen erscheint (vgl. 2. Thessalonicher 1,10; Sacharja 14,5).

Bei diesem Kommen zur Entrückung wird der Herr zwei Gruppen von Gläubigen zu sich in den Himmel aufnehmen: einerseits die entschlafenen und dann auferweckten Gläubigen und andererseits die zu diesem Zeitpunkt auf der Erde lebenden Gläubigen, die zuvor verwandelt werden.[4]

---

[4] Sowohl die Auferstehung als auch die Verwandlung haben Bezug auf den Leib der Gläubigen. In der Auferstehung bzw. Verwandlung werden sie einen neuen Leib, den Herrlichkeitsleib, empfan-

Die dann auf der Erde lebenden Gläubigen werden den Entschlafenen nicht zuvorkommen, weil der Herr Jesus zuerst den entschlafenen Gläubigen mit mächtigem Zuruf gebieten wird, aufzuerstehen. Eine unzählbar große Schar von Menschen wird auferstehen, und zwar alle wahrhaft Gläubigen vom Beginn der Menschheit an bis zu dem letzten kurz zuvor Entschlafenen. Das ist die Vollendung aller Gläubigen, sowohl aus der Zeit des Alten als auch des Neuen Testamentes, von der es in Hebräer 11,40 heißt, dass die Gläubigen des Alten Testamentes nicht ohne „uns" (die Gläubigen des Neuen Testamentes) vollkommen gemacht (oder: vollendet) werden würden.

Nach der Auferweckung aller Entschlafenen wird – nahezu zeitgleich – in einem Nu, in einem Augenblick[5] die Verwandlung der lebenden Gläubigen geschehen und sofort im Anschluss daran wird die gemeinsame Entrückung aller stattfinden.

Die Begegnung mit dem Herrn Jesus wird in den Wolken stattfinden, unsichtbar für die Augen all der Menschen, die nicht an Christus geglaubt haben und nun zurückbleiben. Von dieser Heimholung hatte auch der Herr Jesus selbst gesprochen, als Er noch auf der Erde war.

---

gen, dessen „Samenkorn" der irdische Leib ist. Seele und Geist, die beim Tod vom Leib getrennt wurden und in der Zwischenzeit im Paradies waren, werden in diesem Augenblick mit dem Herrlichkeitsleib vereint.

5 Die englische Bibelübersetzung von J. N. Darby hat hier den Ausdruck „in the twinkling of an eye" (bei einem Augenzwinkern). Diese Ereignisse werden im Bruchteil einer Sekunde geschehen.

Die Wohnungen im Vaterhaus

„**Euer Herz werde nicht bestürzt. Ihr glaubt an Gott, glaubt auch an mich! In dem Haus meines Vaters sind viele Wohnungen; wenn es nicht so wäre, hätte ich es euch gesagt; denn ich gehe hin, euch eine Stätte zu bereiten. Und wenn ich hingehe und euch eine Stätte bereite, so komme ich wieder und werde euch zu mir nehmen, damit, wo *ich* bin, auch *ihr* seiet**“ (Johannes 14,1–3).

Diese Worte hat der Sohn Gottes in der letzten Nacht vor seinem Sterben am Kreuz zu seinen Jüngern gesagt. Es sind seine Abschiedsworte an sie, die Ihn während mehrerer Jahre begleitet hatten. Er würde sterben, auferstehen und zu seinem Vater in den Himmel zurückkehren, von woher Er ja auch gekommen war. Nach seiner Himmelfahrt würde Er für sie nicht mehr sichtbar sein, sondern sie müssten an Ihn glauben, wie sie auch an Gott glaubten, den sie nie gesehen hatten. Und dann sagte Er ihnen als einen besonderen Trost – ohne nähere Umstände zu nennen oder über eine bestimmte Zeit zu sprechen –, dass Er wiederkommen würde, um sie (und mit ihnen alle, die an Christus glauben würden) zu sich in das Haus seines Vaters heimzuholen.

Stellen wir uns das einmal vor: In einem sehr kurzen Augenblick werden plötzlich Millionen von Menschen nicht mehr hier auf der Erde sein! Und es waren sicherlich nicht die schlechtesten, wenn sie auch „merkwürdige Ideen“ vertraten, wie man meinte ...

Hast du, lieber Leser, die Gewissheit, dass du zu denen gehörst, die entrückt werden, wenn unser Herr Jesus Christus kommt, um die Verheißung der Entrückung zu erfüllen?

Wir wollen nun weitere Stellen im Wort Gottes aufschlagen, um zu sehen, was nach diesem so entscheidenden Ereignis geschehen wird. In der nächsten Schriftstelle finden wir zugleich einen Beweis dafür, dass die Entrückung vor dem Hereinbrechen furchtbarer Gerichte Gottes über die Erde stattfinden wird.[6]

Die Stunde der Versuchung

„Weil du das Wort meines Ausharrens bewahrt hast, werde auch *ich* dich bewahren vor der Stunde der Versuchung, die über den ganzen Erdkreis kommen wird, um die zu versuchen, die auf der Erde wohnen. Ich komme bald“ (Offenbarung 3,10.11).

Wir wollen uns auch jetzt zuerst fragen, in welchem Zusammenhang dieser Vers steht. Das ist immer ein wichtiger Grundsatz gesunder Schriftauslegung.

---

[6] Viele Christen glauben nicht, dass die Entrückung aller Kinder Gottes vor der Gerichtsperiode stattfindet. Ich hoffe, im weiteren Verlauf deutlich zu machen, dass das Wort Gottes klare Hinweise auf die Entrückung vor dieser Zeit enthält. Siehe dazu die Artikel „14 Gründe für die Entrückung der Gläubigen vor der Drangsal“ und „Die Entrückung — wie und wann?“ (www.soundwords.de>Autoren>Lickley bzw. Mücher).

Die Offenbarung ist das einzige Buch im Neuen Testament, das ausschließlich prophetisch ist. Kapitel 1 ist nach einer kurzen Einleitung vor allem eine Beschreibung der Person Jesu Christi als des künftigen Richters. Die Kapitel 2 und 3 enthalten sieben kurze, aber äußerst inhaltsreiche Briefe an sieben Gemeinden, die zur Zeit der Abfassung des Buches der Offenbarung in Kleinasien (einer damaligen römischen Provinz) bestanden. Hinter der historischen Bedeutung dieser sieben Briefe steckt ein tieferer Sinn: Sie sind eine „Miniatur-Kirchengeschichte", die uns in sieben Abschnitten die Hauptlinien der Entwicklung der Kirche beschreibt (siehe Anhang II). Eine weitergehende Beschäftigung mit diesem Thema würde den Rahmen dieses Büchleins sprengen; darüber gibt es gute Literatur, die im Anhang VII aufgeführt ist.

Aus dem sechsten Brief, dem an die Gemeinde in Philadelphia, erfahren wir, dass der Herr Jesus die Gläubigen vor einer schweren, weltweiten Versuchung (oder: Erprobung seitens Gottes) bewahren wird.[7] Diese Versuchungs- oder Gerichtszeit wird in den

---

7 Beachte den Ausdruck „vor der Stunde der Versuchung" (*ek tes horas tou peirasmou*). Verfechter der Lehre, dass die Gläubigen doch noch die (oder einen Teil der) Zeit der großen Drangsal erleben werden, wollen die Präposition *ek* hier mit „aus" übersetzen. Das ist zwar im Allgemeinen die richtige Wiedergabe von *ek*, trifft aber an dieser Stelle durchaus nicht den Sinn. Dann würde man hier vielmehr die Präposition „in" oder „durch" erwarten. Wenn man schon „aus" übersetzen will, dann in dem Sinn von „aus [den Gefahren]", was aber in dem Fall tatsächlich besser mit „vor" übersetzt wird. Vergleiche hierzu folgende Stellen: „Jesus, der uns errettet von [*ek*] dem kommenden Zorn" (1. Thessalonicher 1,10); „sondern dass du sie bewahrst vor [*ek*] dem Bösen" (Johannes 17,15); „wenn ihr euch davor [*ek*] bewahrt" (Apostelgeschichte 15,29).

nachfolgenden Kapiteln der Offenbarung ausführlich beschrieben. Auf einzelne Abschnitte daraus werden wir noch öfter zurückkommen.

Die Gerichte werden die Menschen treffen, „die auf der Erde wohnen". Dieser Ausdruck kommt häufig im Buch der Offenbarung vor und bezeichnet die Menschen, deren Bleibe hier auf der Erde ist.[8] Ihre Interessen sind ausschließlich auf die Erde gerichtet. Von einer himmlischen Berufung der Gemeinde Gottes wollen sie nichts wissen. Eine Verheißung der Entrückung, wie Paulus sie beschrieben hat, oder die Heimholung in das Haus des Vaters, von der unser Herr gesprochen hat, ist ihnen entweder unbekannt oder entlockt ihnen ein mitleidiges Lächeln.

Für alle hingegen, die auf die Entrückung der Gläubigen warten, ja vielmehr auf ihren Herrn warten, der dann kommt, ist diese Schriftstelle ein weiterer Hinweis darauf, dass es kein Ereignis gibt, das vor der Entrückung noch zu geschehen hätte, geschweige denn, dass die Gläubigen der Gemeinde Gottes die Gerichtsperiode durchleben müssten.

Doch nun wollen wir sehen, was nach der Entrückung weiter auf der Erde geschieht. Dazu lesen wir einen Schriftabschnitt aus dem Buch des Propheten Daniel, der die gesamte Zeit der siebzigjährigen babylonischen Gefangenschaft (ca. 606–538 v. Chr.) miterlebt hat.

---

[8] Wörtlich übersetzt heißt es: „die Bewohner der Erde" (siehe Kap. 6,10; 8,13; 11,10; 13,8.12.14.14; 17,2.8).

Die letzte Jahrwoche Daniels

„70 Wochen sind über dein Volk und über deine heilige Stadt bestimmt, um die Übertretung zum Abschluss zu bringen und den Sünden ein Ende zu machen und die Ungerechtigkeit zu sühnen und eine ewige Gerechtigkeit einzuführen und Gesicht und Propheten zu versiegeln und ein Allerheiligstes zu salben. So wisse denn und verstehe: Vom Ausgehen des Wortes, Jerusalem wiederherzustellen und zu bauen, bis auf den Messias, den Fürsten, sind 7 Wochen und 62 Wochen. Straßen und Gräben werden wiederhergestellt und gebaut werden, und zwar in Drangsal der Zeiten. Und nach den 62 Wochen wird der Messias weggetan werden und nichts haben. Und das Volk des kommenden Fürsten wird die Stadt und das Heiligtum zerstören, und das Ende davon wird durch die überströmende Flut sein; und bis ans Ende: Krieg, Festbeschlossenes von Verwüstungen. Und er wird einen festen Bund mit den Vielen schließen für eine Woche; und zur Hälfte der Woche wird er Schlachtopfer und Speisopfer aufhören lassen. Und wegen der Beschirmung der Gräuel wird ein Verwüster kommen, und zwar bis Vernichtung und Festbeschlossenes über das Verwüstete ausgegossen werden“ (Daniel 9,24–27).

Diesen sicherlich nicht leicht verständlichen Text wollen wir uns nun näher ansehen. Er ist von ausschlaggebender Bedeutung für das Verständnis der vielen prophetischen Aussagen, die sich auf die kur-

ze Zeitspanne zwischen der Entrückung der Gläubigen und dem Beginn des Tausendjährigen Reiches beziehen. Dieser Abschnitt gibt uns den Schlüssel zum Verständnis dieser so ereignisreichen Zeit in die Hand.

Statt umfangreicher Erklärungen gebe ich den Text sehr frei mit eigenen Worten und auslegenden Ergänzungen versehen wieder:

Vers 24: „70 Wochen von Jahren[9], also 490 Jahre, wird es noch dauern, Daniel, was das Volk Israel und die Stadt Jerusalem betrifft. Danach wird die beständige Missachtung der Gesetze Gottes durch das Volk Israel aufhören und das beständige Sündigen des Volkes enden. Das Volk wird [ebenso wie alle wahren Christen in der heutigen Zeit] durch den Kreuzestod Christi Annahme bei Gott finden. Zur gleichen Zeit wird Gott ein ewiges Reich [das bedeutet hier: das Tausendjährige Reich], in dem Gerechtigkeit herrscht, einführen. Alle früheren Prophezeiungen werden dann in Erfüllung gehen. Der Tempel [wie er in Hesekiel 40–48 beschrieben ist] wird gebaut werden und wieder Gottes irdisches Heiligtum sein."

Vers 25: „Beachte gut Folgendes: Die 490 Jahre beginnen mit dem Zeitpunkt, wo der Plan entsteht, die Stadt Jerusalem wieder aufzubauen [was tatsächlich im Jahre 445 v. Chr. geschah, als Nehemia vor den Kö-

---

9 Es handelt sich hier um Wochen von Jahren und nicht von Tagen. Das wird durch 3. Mose 25,8 und nicht zuletzt durch die Deutung der vergangenen 69 Wochen in Vers 26 deutlich.

nig Artasasta – aus der Geschichte als Artaxerxes Longimanus bekannt – trat und ihm seinen Wunsch vortrug, die Stadt Jerusalem aufzubauen; siehe Nehemia 2]. Von diesem Zeitpunkt an gerechnet bis zur Zeit des Messias [d. i. der Gesalbte, griechisch: Christus] sind es 7 und 62, also 69 Jahrwochen oder 483 Jahre. Die Stadt Jerusalem wird in einer Zeit starker Bedrängnis wiederaufgebaut werden."

Vers 26: „Nach den 62 Wochen wird Christus gewaltsam getötet [gekreuzigt] werden und nichts haben. Danach werden die Stadt Jerusalem und der Tempel durch ein Volk zerstört werden, dessen Herrscher auch in der Endzeit eine bedeutende Rolle spielen wird. Die Zerstörung wird sintflutartig stattfinden. Jerusalem wird dem Erdboden gleichgemacht werden [was im Jahre 70 n. Chr. geschah, als der römische Feldherr Titus die Stadt einnahm und der Tempel zerstört wurde]. Gott wird das Volk, das sich dann im Land Israel befindet, in alle Himmelsrichtungen zerstreuen. [Danach wird eine längere Zwischenzeit eingeschaltet, die hier nicht erwähnt wird.] Doch zur Zeit des Endes wird aufs Neue ein heftiger Krieg ausbrechen; es ist von Seiten Gottes fest beschlossen, dass schreckliche Verwüstungen stattfinden werden."

Vers 27: „Das Römische Reich wird in Form eines ‚vereinigten Europas' wiedererstehen und einen gewaltigen Herrscher haben. Dieser Herrscher wird ein siebenjähriges Freundschaftsbündnis [oder: Verteidigungsbündnis] mit den Vielen schließen [der Mehrheit des jüdischen Volkes, die dann völlig von Gott abgefallen sein wird], die ebenfalls einen äußerst bemerkenswerten Herrscher in ihrer Mitte haben werden: den Antichrist. Der Antichrist wird ein enger Verbündeter des ‚römischen Herrschers' sein. Doch in der Mitte der letzten Woche [von Jahren, die noch an den 70 Wochen fehlt, also nach 3½ Jahren] wird der in Jerusalem von frommen Juden eingeführte Opferdienst zu einem jähen Ende kommen. [Das ist der Augenblick, wo Satan aus dem Himmel geworfen wird und der Antichrist sich in den Tempel setzt und als Gott anbeten lässt; vgl. Offenbarung 12,7–12 und 2. Thessalonicher 2]. Weil dieser schreckliche Götzendienst anstelle des Opferdienstes im Tempel eingeführt wird, wird Gott einen Verwüster in das Land Israel bringen, der das Gericht Gottes über die gottlosen Juden bringen und sie so ausrotten wird. Von Gott aus ist all das fest beschlossen, so dass es kein Entrinnen geben wird."

Wir fassen diesen Abschnitt in seinen wesentlichen Punkten noch einmal zusammen:

1. Eine Zeitspanne von 490 Jahren wird für das Volk Israel vorhergesagt. Nach dieser Zeit beginnt das Friedensreich.
2. Nach 483 Jahren tritt jedoch eine Unterbrechung dieser Zeitspanne ein, und zwar nach dem Tod des Messias.
3. Allerdings werden nach der Kreuzigung des Messias noch die Stadt Jerusalem und der Tempel durch die Römer zerstört.

4. Nach dieser Unterbrechung von unbestimmter Dauer wird ein 7-jähriges Bündnis zwischen einem „vereinigten Europa“ und Israel (möglicherweise bereits unter der Führung des Antichrists) geschlossen.
5. Nach Ablauf von 3½ Jahren wird der Opferdienst in Jerusalem zu Ende kommen, und zwar durch die Aufstellung eines Gräuelgötzen im Tempel.
6. Im weiteren Verlauf erfolgt wegen des Götzendienstes Vernichtung und Verwüstung, insbesondere wegen der Aufstellung des Gräuelgötzen.

Die entscheidende Frage, der wir jetzt noch nachgehen wollen, ist: Wann kommt dieses Bündnis von 7 Jahren zustande? Wir haben gesehen, dass die Zeit von insgesamt 490 Jahren in das Friedensreich einmündet. Damit ist ausreichend klar, dass sich die Prophezeiungen in Bezug auf dieses Bündnis in der Vergangenheit noch nicht erfüllt haben, denn das Friedensreich ist ja ebenfalls noch nicht angebrochen.

Ich glaube, dass dieses Bündnis etwa zu der Zeit zustande kommt, wo auch die Entrückung stattfindet. Obwohl es darüber keine genauen zeitlichen Angaben in der Heiligen Schrift gibt, liegt es doch nahe, anzunehmen, dass mit Ablauf der Zeitspanne der Gemeinde Gottes auf der Erde, also mit ihrer Entrückung, Gott unmittelbar die Verbindung zu seinem irdischen Volk wieder aufnehmen wird, und zwar in der Weise, dass der Geist Gottes unter dem Volk Israel Menschen zum lebendigen Glauben an Gott führt. Wenn sich heutzutage Juden echt zu Gott bekehren, gehören sie zur christlichen Gemeinde. Das macht eine Überlappung der Zeitspanne, wo Menschen zur Gemeinde gehören und gleichzeitig Juden zum lebendigen Glauben an Christus kommen und dennoch Juden bleiben, sehr unwahrscheinlich, ja, für mich ausgeschlossen.

Es könnte allerdings auch sein, dass die Entrückung einige Zeit vor der letzten Jahrwoche stattfindet, was ich aber nicht glaube. Das Kommen des Herrn Jesus zur Entrückung der Gemeinde und sein nochmaliges Kommen zur Errichtung des Reiches werden in der Heiligen Schrift als *ein* Kommen gesehen, obwohl es zu unterschiedlichen Zeitpunkten stattfindet. Fest steht nach meiner Überzeugung, dass die Entrückung in jedem Fall vor den Gerichten geschehen wird.

„Komm hier herauf!“

„**Nach diesem sah ich: Und siehe, eine Tür war geöffnet in dem Himmel, und die erste Stimme, die ich wie die einer Posaune mit mir hatte reden hören, sprach: Komm hier herauf, und ich werde dir zeigen, was nach diesem geschehen muss**“ (Offenbarung 4,1).

Wir haben uns bereits ein wenig mit der „Miniatur-Kirchengeschichte“ in Offenbarung 2 und 3 beschäftigt. Mit „Laodizea“, der letzten dort genannten Gemeinde, findet diese Geschichte ihren Abschluss. Nachdem der Apostel Johannes den Wortlaut der Briefe an die sieben Gemeinden empfangen hat, wird er aufgefordert, in den Himmel heraufzukommen.

Johannes sieht dann im Himmel Gott auf einem Thron sitzen, umgeben von 24 Ältesten (Kap. 4). Dann sieht er, wie ein geschlachtetes Lamm (ein Bild von unserem Herrn Jesus Christus; vgl. Johannes 1,29) das mit sieben Siegeln verschlossene Buch der Ratschlüsse und Wege Gottes mit dieser Erde aus der Hand Gottes nimmt, der auf dem Thron sitzt (Kap. 5), um die Siegel einzeln zu öffnen (Kap. 6). Bei jedem Öffnen eines Siegels geschehen auf der Erde tiefgreifende Ereignisse (siehe Anhang III). In einem Einschub (Kap. 7) werden 144.000 versiegelte Juden (eine symbolische Zahl) und eine große Volksmenge aus allen Nationen beschrieben, nicht zu verwechseln mit den Gläubigen, die dann bereits entrückt sind. Beide Gruppen werden in der großen Gerichtsperiode bewahrt und gehen lebend ins Friedensreich ein. Nachdem das Lamm das siebte Siegel geöffnet hat, beginnen die sieben Posaunengerichte (Kap. 8). Den Abschluss der Gerichte bilden dann die schweren Schalengerichte in Offenbarung 16, die kurz vor dem Kommen Christi zur Errichtung des Friedensreiches mit großer Heftigkeit die Erde treffen werden.

Ein Vergleich dieser Kapitel mit Matthäus 24 legt den Schluss nahe, dass die in Offenbarung 6 beschriebenen Ereignisse in der ersten Hälfte der letzten Jahrwoche aus Daniel stattfinden und die ab Kapitel 8 bis Kapitel 16 beschriebenen Ereignisse in der zweiten Hälfte dieser Woche.

In der „Entrückung" des Johannes in den Himmel können wir zeitlich einen Hinweis auf die Entrückung der Gläubigen der Gemeinde sehen. Die Geschichte der

Kirche Gottes auf der Erde ist ja mit Offenbarung 3 abgeschlossen und mit Kapitel 6 befinden wir uns zeitlich bereits am Anfang der letzten Jahrwoche aus Daniel. Das ist für uns ein weiterer Hinweis auf die Entrückung der Gemeinde *vor* den Gerichten.

Übrigens unterscheidet der Herr Jesus zwischen dem „Anfang der Wehen" und dem „Ende" (Matthäus 24,1–14). Das legt den Schluss nahe, dass die gesamte Zeit der 7 Jahre identisch ist mit der „Stunde der Versuchung" (Offenbarung 3,10), wohingegen die Zeit der großen Drangsal hauptsächlich Bezug hat auf die letzten 3½ Jahre. Der Zeit der „großen Drangsal" werden wir noch ein gesondertes Kapitel widmen.

Bevor wir uns mit einer der wichtigsten Personen beschäftigen, die zur Zeit des Endes eine Hauptrolle spielen werden – dem Antichrist –, müssen wir auf ein Ereignis eingehen, das mehr als alle anderen das Geschehen der letzten 3½ Jahre prägen und zugleich die Zeit der großen Drangsal einleiten wird: Es ist der Sturz Satans aus dem Himmel. Dazu schlagen wir Offenbarung 12 auf:

Der Sturz Satans aus dem Himmel

„Und es entstand ein Kampf in dem Himmel: Michael und seine Engel kämpften mit dem Drachen. Und der Drache kämpfte und seine Engel; und er gewann nicht die Oberhand, auch wurde ihre Stätte nicht mehr in dem Himmel gefunden. Und es wurde geworfen der große Drache, die alte Schlange, welcher

Teufel und Satan genannt wird, der den ganzen Erdkreis verführt, geworfen wurde er auf die Erde, und seine Engel wurden mit ihm hinabgeworfen. ... Wehe der Erde und dem Meer! Denn der Teufel ist zu euch hinabgekommen und hat große Wut, da er weiß, dass er wenig Zeit hat" (Offenbarung 12,7–9.12).

Der Zusammenhang dieser Verse ist folgender: Zu Beginn dieses Kapitels wird das Volk Israel im Bild einer Frau gesehen, die kurz vor der Entbindung steht. Sie bekommt einen Sohn, von dem es heißt, dass er die Völker mit eiserner Rute weiden soll, doch dann wird er zu Gott und seinem Thron entrückt. Bei einem Vergleich mit Psalm 2 ist unschwer zu erkennen, dass dieser Sohn Christus ist, der aus dem Volk Israel hervorgekommen ist und der nach seinem Kreuzestod durch seine Himmelfahrt zu Gott zurückgekehrt ist. Von der Frau heißt es, dass sie in die Wüste floh, wo sie von Gott 1260 Tage – das sind 3½ Jahre – bewahrt wurde (siehe später das Kapitel „Die große Drangsal"). Aus den Versen 13–17 erfahren wir, dass der Grund für die Flucht der Frau ihre Verfolgung durch den Drachen ist, der auf die Erde geworfen war. Dadurch wird deutlich, dass mit dem Hinabwerfen Satans und seiner Dämonen (das sind gefallene Engel, die seine Seite gewählt haben) zugleich die große Drangsal ihren Anfang nimmt.

Übrigens wird der Engel Michael in vier Kapiteln in der Bibel erwähnt; in Daniel 10 und 12, im Judasbrief und hier. Diese Stellen zeigen, dass er insbesondere für das Volk Israel einsteht. Michael und seine Engel sind es, die mit dem Drachen und seinen Dämonen kämpfen.

Der Drache wird hier mit einigen seiner verschiedenen Namen genannt: (a) *der große Drache:* als despotischer Herrscher und Verderber gesehen, vor allem in seiner Feindschaft gegenüber dem Volk Israel, nur in der Offenbarung so genannt; dann (b) *die alte Schlange:* der listige Verführer seit 1. Mose 3; (c) *Teufel:* wörtlich „Durcheinanderbringer", der alle Ordnungen Gottes zerstören will, und schließlich (d) *Satan* = der Widersacher Gottes.

Satan hatte bis zu diesem Augenblick Zugang in den Himmel, wo er sogar vor Gott treten konnte, um dort die Auserwählten Gottes zu verklagen. Sehr eindrucksvoll wird ein Zwiegespräch zwischen Gott und Satan in den ersten beiden Kapiteln des Buches Hiob beschrieben; diese Kapitel gewähren uns einen Einblick in das Handeln Satans mit dem Menschen, aber auch in das Handeln Gottes, der letztlich alle Geschicke der Erde und der auf ihr lebenden Menschen in seiner Hand hält.

Satan ist also ab diesem Zeitpunkt der Zugang in den Himmel zum Thron Gottes versagt. Sein einziger Aufenthaltsort ist nun noch die Erde. Der Erde und dem Meer wird ein „Wehe" zugerufen, denn der Teufel ist auf die Erde hinabgeworfen worden und er wird sich in schrecklicher Wut austoben. Er weiß, dass er nur noch 3½ Jahre frei wirken kann, bevor er für tausend Jahre gebunden und in den Abgrund geworfen werden wird (Offenbarung 20,1–3). Er wird daher zusammen mit seinen Dämonen versuchen, die Bewohner der Erde in einer beispiellosen Verführung in Auflehnung gegen Gott und in Götzendienst zu bringen.

Seine ganze Feindschaft wird sich aber vor allem gegen ein kleines Volk richten: das Volk Israel. So wie er vor nahezu 2000 Jahren versucht hat, Christus durch den Kindermord des Herodes zu beseitigen, so wird er versuchen, dieses Volk zugrunde zu richten, das heißt genauer gesagt: Seine Feindschaft wird sich gegen die Juden richten, die dann an Gott glauben, denn der allergrößte Teil dieses Volkes wird sich ja willig der Herrschaft des Antichrists unterordnen und ihm in seinem Götzendienst folgen. Es wird also in diesem Augenblick eine schreckliche Verfolgung dieser Treuen beginnen.

Der Antichrist

„Lasst euch von niemand auf irgendeine Weise verführen, denn dieser Tag kommt nicht, es sei denn, dass zuerst der Abfall komme und offenbart werde der Mensch der Sünde, der Sohn des Verderbens, der widersteht und sich erhöht über alles, was Gott heißt oder verehrungswürdig ist, so dass er sich in den Tempel Gottes setzt und sich selbst darstellt, dass er Gott sei. Erinnert ihr euch nicht, dass ich dies zu euch sagte, als ich noch bei euch war? Und jetzt wisst ihr, was zurückhält, damit er zu seiner Zeit offenbart wird. Denn schon ist das Geheimnis der Gesetzlosigkeit wirksam; nur ist jetzt der da, der zurückhält, bis er aus dem Weg ist, und dann wird der Gesetzlose offenbart werden, den der Herr Jesus verzehren wird durch den Hauch seines Mundes und vernichten wird durch die Erscheinung seiner Ankunft, ihn, dessen Ankunft nach der Wirksamkeit des Satans ist, in aller Macht und allen Zeichen und Wundern der Lüge und in allem

Betrug der Ungerechtigkeit denen, die verloren gehen, darum, dass sie die Liebe zur Wahrheit nicht annahmen, damit sie errettet würden. Und deshalb sendet ihnen Gott eine wirksame Kraft des Irrwahns, dass sie der Lüge glauben, damit alle gerichtet werden, die der Wahrheit nicht geglaubt, sondern Wohlgefallen gefunden haben an der Ungerechtigkeit" (2. Thessalonicher 2,3–12).

In Daniel 9 sind wir dem Antichrist bereits kurz begegnet. Er wird in der Endzeit eine zentrale Rolle spielen. Eine der deutlichsten Stellen dazu finden wir im zweiten Brief an die Thessalonicher.

In Thessalonich gab es Gläubige, die gehört hatten, dass die Gerichtsperiode (hier „Tag des Herrn" genannt) bereits angebrochen sei. Paulus weist das ganz entschieden zurück und zeigt, dass diese Zeit noch nicht angebrochen sein konnte, weil der völlige Abfall noch nicht stattgefunden hatte. Das besondere Kennzeichen dieses Abfalls ist nämlich das Offenbarwerden des Antichrists, den er in diesem Brief „den Menschen der Sünde", „den Sohn des Verderbens" und einige Verse weiter „den Gesetzlosen" nennt.

Der Antichrist wird sich in den Tempel setzen und sich als Gott anbeten lassen. Der Abfall wird dadurch eingeleitet, dass der Antichrist erscheint. Und er kann so lange nicht in Erscheinung treten, bis etwas anderes aus dem Weg geräumt ist: das, „was zurückhält". Ich denke mit vielen Auslegern, dass das die Anwesenheit der Gemeinde Gottes ist, in der der Heilige Geist wohnt. Nach der Entrückung der Gemeinde wird sich das Böse wie eine Sturzflut nach einem Dammbruch ergießen, und das nicht zuletzt durch die außergewöhnliche Wirksamkeit des Antichrists. Er wird in der Kraft Satans in aller Macht und allen Zeichen und Wundern der Lüge wirken und auf diese Weise viele Menschen in den völligen Abfall von Gott hineinziehen.

Sein Ende wird hier ebenfalls beschrieben: Der Herr Jesus wird ihn durch den Hauch seines Mundes verzehren, wie wir auch später bei der Betrachtung von Offenbarung 19,19–21 noch sehen werden.

Hier wird uns allerdings noch eine äußerst wichtige Einzelheit mitgeteilt: Die Verse 10–12 machen deutlich, dass Menschen, die in der gegenwärtigen Zeit der Gnade das Evangelium von dem Herrn Jesus Christus nicht annehmen – hier die „Liebe zur Wahrheit" genannt –, in der Zeit der Gerichte und des Abfalls keine Gelegenheit mehr haben werden, sich zu Gott zu bekehren. Gott selbst wird ihre Herzen durch „eine wirksame Kraft des Irrwahns" verhärten, so dass sie nicht anders können, als der Lüge zu glauben. Sie werden das Opfer einer beispiellosen Verführung sein.

Hierin liegt die ernste Warnung, dass ein Mensch sich nicht zu Gott bekehren kann, wann er will, sondern dann, wenn Gott ihm die Gelegenheit dazu anbietet.

Wir haben bereits kurz angedeutet, dass der Antichrist König in Israel sein wird und ein Verbündeter des Herrschers des „vereinigten Europas". Zu Unrecht haben in der Vergangenheit viele den künftigen Herrscher Europas und den Antichrist als ein und dieselbe

Person gesehen. Dadurch werden manche prophetische Aussagen verwässert. Aus Offenbarung 13 wird deutlich, dass es sich um zwei unterschiedliche Personen handelt. Wir werden auf den Herrscher Europas, der in der Offenbarung im Allgemeinen „das Tier" genannt wird, noch gesondert zu sprechen kommen.

Der Antichrist ist die Person, von der der Herr Jesus gesagt hat: „*Ich* bin in dem Namen meines Vaters gekommen, und ihr nehmt mich nicht auf; *wenn ein anderer in seinem eigenen Namen kommt, den werdet ihr aufnehmen*" (Johannes 5,43). Die Erwartung eines Messias für Israel spielt gegenwärtig unter den orthodoxen Juden eine große Rolle. Das Volk der Juden hat vor nahezu 2000 Jahren seinen wahren Messias abgelehnt, doch in der Endzeit wird der größte Teil des Volkes Israel den Antichrist als seinen Messias bejubeln.

Nun wollen wir uns dem Abschnitt über den Antichrist in Offenbarung 13,11–16 zuwenden. Dort sieht Johannes den Antichrist im Bild eines Tieres, das zwei Hörner hat wie ein Lamm – er kommt also unter dem Deckmantel des Messias, des wahren Lammes Gottes –, spricht aber wie ein Drache: Er ist das Sprachrohr Satans.

Der Antichrist steht in enger Verbindung mit dem ersten Tier aus Offenbarung 13,1–8, dem zukünftigen Herrscher Europas. Er wird die Macht dieses Herrschers in Israel repräsentieren. Er wird große Zeichen und Wunder tun, wie wir in 2. Thessalonicher 2 gesehen haben, und durch diese okkulten Zeichen die Menschen verführen. Außerdem wird er ein Bild vom ersten Tier machen, dem Bild sogar Odem verleihen und die

Menschen zwingen, dieses Bild anzubeten. Menschen, die sich weigern, das Bild anzubeten, werden das mit dem Leben bezahlen müssen. Die Sünde, das Verderben und die vorsätzliche Missachtung der von Gott gegebenen Gesetze werden in dem Tier seinen absoluten Höhepunkt finden.

Der Antichrist wird nicht nur politische Macht ausüben, sondern zugleich das religiöse Haupt eines christusfeindlichen Judentums der letzten Tage sein. Er wird über das Judentum hinaus die Menschen in den Bann seiner satanischer Lehren ziehen, was nicht zuletzt daraus deutlich wird, dass er im weiteren Verlauf der Offenbarung immer der „falsche Prophet" genannt wird. Er wird seine ganze Macht und seinen Einfluss einsetzen, um Gott zu verunehren und Christus herabzusetzen.

Hier eine Zusammenfassung von acht Namen des Antichrists:

1. *Der Antichrist:* So nennt der Apostel Johannes ihn in 1. Johannes 2,18.22; 4,3 und 2. Johannes 7. Wörtlich heißt Antichrist: der „Gegen-Christus" oder „Anstelle-Christus".
2. *Der König:* So wird er in Daniel 11,36–39 genannt. Er wird in der Endzeit das Regierungshaupt in Israel sein und von der Masse des Volkes als der verheißene Messias anerkannt werden.
3. *Der Mensch der Sünde, der Sohn des Verderbens, der Gesetzlose:* So wird er in 2. Thessalonicher 2,3.8 genannt. Dort sagt uns Paulus, dass er sich über alles erheben wird, was Gott heißt oder ver-

ehrungswürdig ist. Er wird sich selbst als Gott verehren lassen und sich in den Tempel setzen.

4. *Das Tier:* So wird er in Offenbarung 13,11–18 genannt. Das Tier hat Hörner wie ein Lamm.
5. *Der falsche Prophet:* Das ist ab Offenbarung 13 sein Name im weiteren Verlauf dieses Buches: Kapitel 16,13; 19,20; 20,10.
6. *Der törichte Hirte:* Er hat überhaupt kein echtes Interesse an den Menschen des Volkes Gottes (vgl. Sacharja 11,15–17).

Nachdem wir nun bereits mehrmals auf die Zeit der „großen Drangsal" zu sprechen gekommen sind, ist es an der Zeit, die Schrift auf diesen Punkt hin zu untersuchen.

Die große Drangsal

„Wenn ihr nun den Gräuel der Verwüstung, von dem durch Daniel, den Propheten, geredet ist, stehen seht an heiligem Ort – wer es liest, beachte es –, dann sollen die, die in Judäa sind, in die Berge fliehen; wer auf dem Dach ist, steige nicht hinab, um die Sachen aus seinem Haus zu holen; und wer auf dem Feld ist, kehre nicht zurück, um sein Oberkleid zu holen. Wehe aber den Schwangeren und den Stillenden in jenen Tagen! Betet aber, dass eure Flucht nicht im Winter stattfinde noch am Sabbat; denn dann wird große Drangsal sein, wie sie seit Anfang der Welt bis jetzt nicht gewesen ist und auch *nicht* wieder sein wird. Und wenn jene Tage nicht verkürzt würden, so würde kein Fleisch errettet

werden; aber um der Auserwählten willen werden jene Tage verkürzt werden" (Matthäus 24,15–22).

Der Herr Jesus spricht hier nun von einem Gräuelgötzen, dem Gräuel der Verwüstung, von dem wir bereits in Daniel 9,27 gelesen haben. Jetzt erfahren wir, dass dieser Gräuelgötze an heiligem Ort aufgestellt werden wird. Dieser Götze ist das Bild, das auf Initiative des Antichrists vom ersten Tier gemacht werden wird und dem der Antichrist Odem verleihen wird, so dass das Bild sogar reden kann (Offenbarung 13,15). Dieser Götze wird im Tempel aufgestellt und angebetet werden.

Aus einem Vergleich zwischen Daniel 9 und Matthäus 24 können wir daher den Schluss ziehen, dass das in der Mitte der letzten Jahrwoche geschehen wird. Dann wird der Opferdienst ein jähes Ende finden, um dann dieses Götzenbild im Tempel aufzustellen. Das wird in Daniel 12,11 bestätigt: „Und von der Zeit an, da das beständige Opfer abgeschafft wird, und zwar um den verwüstenden Gräuel aufzustellen, sind 1290[10] Tage."

Zu diesem Zeitpunkt beginnt die *große Drangsal*. Für diese Zeitspanne von 3½ Jahren gibt es in der Offenbarung verschiedene Bezeichnungen:

---

10 Warum sind es hier 1290 und nicht 1260 Tage? Das sind 30 Tage über die Drangsalszeit hinaus, die also in das Friedensreich hineinreichen. In Daniel 12,12 wird sogar eine Zeitspanne von 1335 Tagen genannt, also 75 Tage mehr. Diese 30 bzw. 75 Tage könnten mit dem Gericht über die Nachbarvölker zu tun haben.

1. 1260 Tage (das sind 3½ Jahre, sofern man einen Monat mit 30 Tagen rechnet)[11]
2. 42 Monate (ebenfalls 3½ Jahre)[12] und schließlich
3. eine Zeit, Zeiten und eine halbe Zeit (bei Anwendung der Formel [Zeit = Jahr] ergeben sich ebenfalls 3½ Jahre).[13]

Die Aufforderung des Herrn Jesus in Matthäus 24,15–20 gilt den Menschen, die zu Beginn der großen Drangsal in Judäa wohnen. Sie sollen ohne Zögern aus Judäa in die umliegenden Berge fliehen. Es droht Lebensgefahr: Wer sich gerade auf dem Dach seines Hauses aufhält, wenn ihn die Nachricht von der Aufstellung des Gräuelgötzen im Tempel erreicht, soll über die äußere Treppe fliehen, ohne noch ins Haus zu gehen, um irgendetwas mitzunehmen. Wer auf dem Feld arbeitet und zum Beispiel am Feldrand ein Kleidungsstück abgelegt hat, soll nicht dorthin zurückkehren, um es mitzunehmen. Schwangere Frauen und Mütter mit Säuglingen wird ein Wehe zugerufen, denn sie sind bei der Flucht dadurch stark benachteiligt. Außerdem sollen die Menschen beten, dass ihre Flucht nicht am Sabbat oder zur Winterzeit stattfindet. Die Schwere der dann beginnenden Drangsal übertrifft alles, was Menschen jemals bei Katastrophen auf der Erde erlebt haben.

Wer sind die Menschen, die hier mit den Worten „Wer es liest, der beachte es“ angesprochen werden? Es müssen Juden in Israel sein, die während dieser

[11] Offenbarung 11,3; 12,6; vgl. Daniel 12,11.12.
[12] Offenbarung 11,2; 13,5
[13] Offenbarung 12,14; Daniel 7,25; 12,7.

Zeit offensichtlich nicht nur das Alte Testament, sondern auch das Neue Testament gelesen und sich von Herzen zu Gott bekehrt haben; sie werden später die Auserwählten genannt.[14] Ihnen gilt die dringende Aufforderung, zu fliehen.

Doch warum sollen sie so fluchtartig das Land verlassen und wohin sollen sie fliehen? In dem Augenblick, wo der Gräuelgötze im Tempel aufgestellt wird, beginnt eine brutale Verfolgung all derer, die bisher zu erkennen gegeben haben, dass sie Gott fürchten.

---

[14] Es wird also zu dieser Zeit gottesfürchtige Juden in Israel geben, die an Gott glauben, obwohl es keine Christen mehr auf der Erde geben wird, da sie ja bereits zu einem früheren Zeitpunkt entrückt worden sind. Seit dem Pfingsttag, an dem der Heilige Geist auf die Erde kam, um in den einzelnen Gläubigen zu wohnen, ist auf vielfache Weise das herrliche Evangelium verkündigt worden, dass jeder Vergebung seiner Sünden erlangt, der sich von Herzen zu Gott bekehrt, indem er seine Sünden bekennt und an das Versöhnungswerk Christi glaubt. Er darf wissen, dass er mit der gläubigen Annahme des Evangeliums zur Gemeinde Gottes gehört, deren ewiger Bestimmungsort das Vaterhaus ist.
Man hat dieses Evangelium auch das „Evangelium der Gnade" genannt, um es von einem anderen Evangelium zu unterscheiden, dem „Evangelium des Reiches" (Matthäus 24,14). Die Verkündigung des Evangeliums der Gnade wird mit Ablauf der Zeit der Gemeinde Gottes auf der Erde ihr Ende finden, doch unmittelbar danach wird Gott sich treue Zeugen unter dem Volk Israel erwecken, die innerhalb kürzester Zeit das Evangelium des Reiches weltweit verkündigen werden.
Der wesentliche Inhalt dieses Evangeliums wird sein: Tut Buße, bekennt eure Sünden und bekehrt euch von Herzen zu Gott, um bereit zu sein, Christus als König zu empfangen, wenn Er in Israel einziehen und seine Herrschaft antreten wird. Das war übrigens genau das Evangelium, das Johannes der Täufer verkündigte (siehe Matthäus 3,1–12), obwohl sein Zeugnis nach kurzer Zeit abgelehnt und er enthauptet wurde. Auch Christus selbst verkündigte dieses Evangelium (Matthäus 4,23) und untermauerte die Verkündigung durch viele Zeichen und Wunder.

Manche treuen Zeugen sind bereits in den ersten 3½ Jahren als Märtyrer umgekommen, wie wir aus Offenbarung 6,9–11 wissen. Doch was sich dann zu Beginn der großen Drangsal abspielen wird, ist mit keiner der früheren Verfolgungen zu vergleichen. Wer sich weigert, das Bild anzubeten und sich diesem Götzendienst anzuschließen, muss das mit dem Leben bezahlen (Offenbarung 13,15–17). Leider wird die überwiegende Mehrheit des Volkes Israel, die den Antichrist als Messias angenommen haben wird, ergeben den von ihm eingeführten Götzendienst ausüben. Wir wollen nicht aus dem Auge verlieren, dass ja gerade zu diesem Zeitpunkt Satan und seine Dämonen aus dem Himmel auf die Erde geworfen worden sind.

Das ist der Grund, weshalb der Herr Jesus die Auserwählten auffordert, ohne jede Verzögerung das Land zu verlassen. Es geht dabei um wenige Augenblicke. Auf diese Weise wird Gott die Seinen von den „Vielen“, das sind die gottlosen Juden unter der Führung des Antichrists, absondern. Gott wird einen großen Teil seiner Auserwählten auf diese Weise in Sicherheit bringen. Schriftstellen, die uns das deutlich beschreiben, sind unter anderem Offenbarung 12,6.13–17; Psalm 60,7 und Jesaja 16,4.

Die Mehrheit des Volkes wird durchaus nicht fliehen, denn sie fühlen sich sicher unter der Herrschaft des Antichrists, nicht zuletzt deshalb, weil ja inzwischen das siebenjährige Bündnis zwischen dem „kommenden Fürsten“ – dem Herrscher des „vereinigten Europas“ – und Israel geschlossen ist (Daniel 9,26.27). Auf dieses Bündnis bezieht sich auch Jesaja 28,15: „Denn ihr sprecht: Wir haben einen Bund mit dem Tod geschlossen und einen Vertrag mit dem Scheol gemacht [Tod und Scheol weisen auf die dämonischen Kräfte hin, die hinter allem stehen]: Wenn die überflutende Geißel hindurchfährt, wird sie an uns nicht kommen."

Gott wird sich dennoch auch in dieser dunklen Zeit ein helles Zeugnis seiner Rechte in Jerusalem selbst bewahren. Er wird zwei Zeugen erwecken und sie mit besonderer Macht ausstatten. Sie werden während der ganzen Zeit der Drangsal weissagen. Sie werden ihre Feinde mit Feuer verzehren, und außerdem können sie den Himmel verschließen, so dass es nicht regnet, und auch Wasser in Blut verwandeln. Schließlich werden diese Zeugen jedoch getötet, aber nach 3½ Tagen auferstehen und in den Himmel aufgenommen (Offenbarung 11,1–12).

Doch auch diese Zeit der großen Drangsal, die vor allem eine Zeit des schrecklichsten Götzendienstes und der Verfolgung der Auserwählten Gottes ist, wird einmal zu Ende kommen. Sie ist wegen der Auserwählten begrenzt, und zwar auf 3½ Jahre. Gott hat diese Begrenzung bereits im Voraus festgelegt. Und es ist uns in den Prophezeiungen des Wortes Gottes auch mitgeteilt, auf welche Weise diese Zeitspanne ihr Ende finden wird: Gott wird ein feindliches Heer in das Land führen, das in Jesaja 28,15 die „überflutende Geißel" genannt wird, die durch das Land hindurchfahren und es mit beispielloser Heftigkeit treffen wird (vgl. Jesaja 28,18–22). Beachte besonders den Ausdruck „Festbeschlossenes" (V. 22), dem wir bereits in Daniel 9,27 begegnet sind.

Diesen Ausdruck finden wir ebenfalls in Jesaja 10,23, wo er in Verbindung steht mit der Beschreibung eines uralten Feindes Israels: des Assyrers. Gott wird es diesem Feind erlauben, in der Endzeit noch einmal in Israel einzufallen. Dadurch werden die letzten Ereignisse eingeleitet.

Wer ist Assyrien?

„Wehe, Assur, Rute meines Zorns! Und der Stock in seiner Hand ist mein Grimm. Gegen eine ruchlose Nation werde ich ihn senden und ihn gegen das Volk meines Grimms entbieten ... Und es wird geschehen, wenn der Herr sein ganzes Werk am Berg Zion und an Jerusalem vollbracht hat, so werde ich die Frucht der Überhebung des Herzens des Königs von Assyrien und den Stolz der Überheblichkeit seiner Augen heimsuchen.

Vertilgung ist festbeschlossen, sie bringt einherflutend Gerechtigkeit. Denn der Herr, der HERR der Heerscharen, vollführt Vernichtung und Festbeschlossenes inmitten der ganzen Erde“ (Jesaja 10,5.6.12.22.23).

Wer ist nun eigentlich in den Prophezeiungen dieser Verwüster, diese Zuchtrute Gottes, die Gottes Gericht an den abgefallenen, gottlosen Juden ausführen wird? Die treuen Juden sollten ja wegen der Verfolgung und dieses Krieges schnellstens das Land verlassen.

Die Antwort finden wir in Jesaja 10: In der Vergangenheit war das kein anderer als das assyrische Weltreich, das dem babylonischen Weltreich vorausging und von diesem zerstört wurde. Jesaja lebte und wirkte etwa in der Zeit von 760 bis 700 v. Chr. in Israel. Er war es, der dem Volk Israel, und besonders dem Zehnstämmereich im Norden mit seiner Hauptstadt Samaria, das Gericht ankündigte, weil das Volk sich sehr gegen Gott versündigt hatte. Und so, wie er prophezeit hatte, ist es auch geschehen: Assyrien fiel in das Nordreich ein und verschleppte dessen Bewohner nach einer dreijährigen Belagerung im Jahre 722/721 v. Chr. in die Gefangenschaft, aus der die zehn Stämme bis heute nicht zurückgekehrt sind (siehe 2. Könige 17).

Dennoch erfüllten sich die Prophezeiungen über den Assyrer nur zum Teil, weil Gott in seiner großen Barmherzigkeit das Volk vor den äußersten Gerichtsschlägen und dem Garaus verschonte. In der Endzeit werden sich diese Prophezeiungen jedoch vollständig erfüllen.

Wenn wir die einzelnen prophetischen Bücher, in denen dem irdischen Volk Gottes das Gericht angekündigt wird, auf Israels großen Feind in der Endzeit hin untersuchen, kommen wir zu folgendem Schluss: Bei den Propheten, die vor der letzten Belagerung Jerusalems im Jahre 588 v. Chr.[15] weissagten (man nennt sie auch *Ammi-Propheten*, das heißt „Mein-Volk-

[15] Jerusalem wurde insgesamt dreimal belagert: (1) im Jahre 606, als Daniel und seine Freunde nach Babel verschleppt wurden (Dan 1); von diesem Zeitpunkt an wird die babylonische Gefangenschaft gerechnet; (2) im Jahre 599, als König Jojakin und seine Mutter nach Babel geführt wurden; unter diesen Weggeführten befand sich auch Hesekiel (2Kön 24,8–17); und schließlich (3) im Jahre 588, als König Zedekia nach elfjähriger Regierungszeit nach Babel geführt wurde (2Kön 25,1–7).

Propheten“), heißt dieser Feind Assyrien; bei den Propheten, die in der Zeit der Gefangenschaft bzw. in den Zeiten der Nationen[16] weissagten (das sind die *Lo-Ammi-Propheten*, das heißt „Nicht-mein-Volk-Propheten“), heißt dieser Feind vor allem der „König des Nordens“ (Daniel 11,40–45) und in Hesekiel der „König des äußersten Nordens“ (Kap. 38 und 39). Daraus ist klar, dass prophetisch gesehen der Assyrer der *Ammi-Propheten* derselbe ist wie diese beiden Könige aus dem Norden und dem äußersten Norden, die wir in den *Lo-Ammi-Propheten* finden. Übrigens wird der Assyrer in Joel 2,20 auch der „von Norden Kommende“ genannt.

Das Gebiet des damaligen assyrischen Reiches umfasst die heutigen Länder Syrien, Irak, Jordanien, Libanon und Teile der Türkei und des Iran. Die Hauptstadt Assyriens war zu der Zeit Ninive im Norden des heutigen Irak, nicht weit entfernt von der Stadt Mossul.

Wir befinden uns nach diesem Exkurs über Assyrien immer noch in der Zeit der großen Drangsal. Doch wenn der König des Nordens in Israel einfällt, neigt sich auch diese Zeit ihrem Ende zu. Ich glaube, dass die Belagerung durch den König des Nordens fünf Monate dauern wird, denn in Offenbarung 9,1–11 finden wir eine Beschreibung dieses Einfalls. Es heißt dort in Vers 4, dass die Menschen, die nicht das Siegel Gottes an ihren Stirnen haben – und das sind die

16 Das ist die Zeitspanne, die ihren Anfang mit dem babylonischen Reich genommen hat, auf das das medo-persische, dann das griechische und schließlich das römische Weltreich folgte, und die schließlich mit dem Kommen des Herrn enden wird.

gottlosen Juden –, Gegenstand dieses Gerichts sind. Und dort finden wir auch die Zeitangabe, dass diese Menschen fünf Monate lang gequält werden (V. 5). Das bedeutet also, dass zu diesem Zeitpunkt bereits etwas mehr als drei Jahre der großen Drangsal vergangen sind und wir unmittelbar vor den letzten großen Ereignissen stehen, die die Zeit des Endes abschließen.

Mit diesem Einfall des Königs des Nordens wollen wir uns nun eingehend beschäftigen und schlagen deshalb Daniel 11,40–45 auf:

Der König des Nordens

„Und zur Zeit des Endes wird der König des Südens mit ihm zusammenstoßen, und der König des Nordens wird gegen ihn anstürmen mit Wagen und mit Reitern und mit vielen Schiffen; und er wird in die Länder eindringen und wird sie überschwemmen und überfluten. Und er wird in das Land der Zierde eindringen, und viele Länder werden zu Fall kommen; diese aber werden seiner Hand entkommen: Edom und Moab und die Vornehmsten der Kinder Ammon. Und er wird seine Hand an die Länder legen, und das Land Ägypten wird nicht entrinnen; und er wird die Schätze an Gold und Silber und alle Kostbarkeiten Ägyptens in seine Gewalt bringen, und Libyer und Äthiopier werden in seinem Gefolge sein. Aber Gerüchte von Osten und von Norden her werden ihn erschrecken; und er wird ausziehen in großem Grimm, um viele zu vernichten und zu vertilgen. Und

er wird seine Palastzelte aufschlagen zwischen dem Meer und dem Berg der heiligen Zierde. Und er wird zu seinem Ende kommen, und niemand wird ihm helfen" (Daniel 11,40–45).

Zuerst einmal wird uns in diesen Versen von einer Auseinandersetzung zwischen dem König des Südens (das ist Ägypten) und „ihm" berichtet. Letzterer ist der Antichrist, der zugleich König in Israel ist; er wird in den vorhergehenden Versen beschrieben (Daniel 11,36–39). Doch bald danach oder sogar gleichzeitig wird der König des Nordens (das ist vor allem Syrien, möglicherweise im Verbund mit anderen arabischen Staaten) in diese Auseinandersetzungen eingreifen, und zwar in einem sehr heftigen Angriff, der hier mit einem überflutenden Strom verglichen wird (vgl. Jesaja 8,7.8; 10,22; 28,17; Daniel 9,26), der alles zerstört. Dieser Angriff wird sowohl vom Land als auch vom Meer her erfolgen. Der Strom wird schließlich nicht nur Israel überfluten, das hier das „Land der Zierde" genannt wird, sondern auch in andere Länder eindringen. Der König des Nordens (Syrien) wird also in den letzten Kämpfen um Israel und insbesondere um die Stadt Jerusalem eine dominierende Rolle spielen.

Drei Länder werden sich allerdings der Eroberungswut dieses Königs entziehen können: Edom, Moab und ein Teil von Ammon. Diese drei Länder befanden sich in dem Gebiet des heutigen Jordaniens. Ob das zugleich das Gebiet ist, wo Gott den Überrest vor dem drohenden Untergang bewahrt? Es könnte allerdings auch sein, dass Edom der prophetische Name für Saudi-Arabien ist, aber darüber wollen wir nicht spekulieren. Es ist sehr wichtig, dass wir uns bei der Auslegung der Prophezeiungen eng an das halten, was die Schrift ausdrücklich sagt.

Nachdem der König des Südens als Erster in Israel eingefallen ist, greift anschließend der König des Nordens in den Krieg ein und wird das Land nahezu dem Erdboden gleichmachen. Dann wird er weiterziehen und gegen das ägyptische Heer kämpfen und schließlich in Ägypten einfallen, das von Libyen und Äthiopien, zwei Ländern in Nord- bzw. Nordostafrika, unterstützt wird. Doch plötzlich werden ihn bei diesem Eroberungszug Nachrichten von „Osten und von Norden" erreichen und sehr erschrecken.

Bevor wir jedoch der Frage nachgehen, was das für Nachrichten sind, schließen wir die Betrachtung dieses kleinen Abschnitts in Daniel 11 vorläufig ab: Der König des Nordens unterbricht seinen Siegeszug in Ägypten und zieht wutschnaubend zurück, um viele zu vernichten und zu vertilgen. Doch bevor er zu einem erneuten Angriff übergeht, schlägt er seine „Palastzelte" (eine Art Hauptquartier) zwischen dem Meer (das ist das Mittelmeer) und dem Berg der heiligen Zierde (auf dem Jerusalem erbaut ist) auf. Er wird sich nicht weit von Jerusalem niederlassen, sicherlich mit dem Ziel, Jerusalem erneut anzugreifen, das er vorher nur teilweise eingenommen hatte (vgl. Sacharja 14,2). Nun will er Jerusalem endgültig vernichten. Doch plötzlich wird er zu seinem Ende kommen, ohne dass irgendjemand ihm dabei zu Hilfe kommt.

Als Nächstes wollen wir uns noch einmal kurz mit dem „kommenden Fürsten“ beschäftigen, von dem wir in Daniel 9,26.27 gelesen haben und den Johannes in Offenbarung 13,1–8 „das Tier“ nennt.

Das Tier – oder: ein „vereinigtes Europa“

„Und ich sah aus dem Meer ein Tier heraufsteigen, das zehn Hörner und sieben Köpfe hatte, und auf seinen Hörnern zehn Diademe, und auf seinen Köpfen Namen der Lästerung. Und das Tier, das ich sah, war gleich einem Leoparden, und seine Füße waren wie die eines Bären, und sein Maul war wie das Maul eines Löwen. Und der Drache gab ihm seine Macht und seinen Thron und große Gewalt. Und ich sah einen von seinen Köpfen wie zum Tod geschlachtet. Und seine Todeswunde wurde geheilt, und die ganze Erde verwunderte sich über das Tier. Und sie beteten den Drachen an, weil er dem Tier die Gewalt gab, und sie beteten das Tier an und sagten: Wer ist dem Tier gleich? Und wer vermag mit ihm zu kämpfen? Und es wurde ihm ein Mund gegeben, der große Dinge und Lästerungen redete; und ihm wurde Gewalt gegeben, 42 Monate zu wirken. Und es öffnete seinen Mund zu Lästerungen gegen Gott, seinen Namen zu lästern und seine Hütte und die, die ihre Hütte in dem Himmel haben. Und ihm wurde gegeben, mit den Heiligen Krieg zu führen und sie zu überwinden; und ihm wurde Gewalt gegeben über jeden Stamm und jedes Volk und jede Sprache und jede Nation. Und alle, die auf der Erde wohnen, werden es anbeten, jeder, des-

sen Name nicht geschrieben ist in dem Buch des Lebens des geschlachteten Lammes von Grundlegung der Welt an“ (Offenbarung 13,1–8).

Johannes steht nun am Rand des Meeres und sieht ein Tier aus dem Meer heraufsteigen. Das Meer ist im Wort Gottes oft ein Bild unruhiger Völkerschaften (vgl. Psalm 65,8; Jesaja 17,12.13; Hesekiel 26,3; Lukas 21,25; Offenbarung 17,15). In Offenbarung 11,7 heißt es von diesem Tier, dass es „aus dem Abgrund“ heraufsteigt: Es ist satanischen Ursprungs.

Das Tier hat zehn Hörner, die ein Bild von zehn Königen sind, die in der Endphase zusammen mit dem Tier Macht empfangen werden (Offenbarung 17,12.13). Dahinter steht Satan, hier „der Drache“ genannt, der diesem Tier ungeheure Macht verleiht. Außerdem hat dieses Tier sieben Köpfe, was auf eine außerordentlich große Intelligenz hinweist. Dieser gewaltige Herrscher wird seine Macht, seine geistigen Fähigkeiten und okkulten Kräfte vor allem dazu gebrauchen, Gott zu lästern und viele Menschen in den Abfall von Gott hineinzuziehen; er wird sie auf brutalste Weise dazu zwingen.

Das Tier hat Kennzeichen von drei Tieren an sich: Es ist wie ein Leopard, hat Füße wie ein Bär und ein Maul wie ein Löwe. Diese drei Tiere finden wir auch in Daniel 7. Dort sind sie Bilder der vier aufeinanderfolgenden Weltreiche Babylonien, Medo-Persien, Griechenland und Römisches Reich. Beim letzten Tier in Daniel werden zwar nicht die Köpfe erwähnt, wohl aber die zehn Hörner.

Johannes sieht, wie einer der Köpfe eine Todeswunde hat, die aber zur großen Verwunderung der ganzen Menschheit geheilt wird. Das hat zur Folge, dass große Menschenmassen zu Satansanbetern und Anbetern des Tieres werden.

Dieses Tier ist einerseits ein Bild von einem Herrscher, aber auch von dem Reich, über das er herrscht. Dieses Reich umfasst ein Gebiet, das etwa dem Gebiet des früheren (West)-Römischen Reiches entspricht. Was kann das anderes sein als ein „vereinigtes Europa“, das in seiner Endphase aus zehn Herrschaftsbereichen bestehen wird?[17]

Das Tier kann 42 Monate ungehindert wirken. Das ist die Zeitspanne der großen Drangsal. Es wird in dieser Zeit gegen die Heiligen Krieg führen. Viele von denen, die in dieser Zeit treu zu Gott stehen, werden als Märtyrer sterben. Gott gesteht es dem Tier zu, dass es viele der Heiligen überwindet, das heißt tötet. Diese Heiligen werden aber zu Beginn des Tausendjährigen Reiches auferstehen (Offenbarung 20,4).

---

[17] Zweifelsfrei ist die Europäische Gemeinschaft der Vorläufer dieses vereinigten Europas. Es ist verfrüht, exakt zu sagen, welche Länder schließlich dazugehören und wo die Grenzen genau verlaufen werden, wenn es sich auch in etwa um das Gebiet des Weströmischen Reiches handeln wird. Allerdings ist aus Daniel 11 deutlich, dass zumindest Syrien und Ägypten nicht dazugehören werden. Dieses Reich wird das geistige Erbe des früheren Römischen Reiches übernehmen. Aus Offenbarung 17,9 wissen wir, dass die sieben Köpfe auf die Siebenhügelstadt Rom hinweisen, die künftige Hauptstadt des Römischen Reiches.

Europa wird zum Zeitpunkt seiner Vereinigung oder als ein Staatenbund zweifellos die stärkste Macht der Erde sein. Wir wollen uns ansehen, wie dieses mächtige Reich sich gegen Gott erhebt und Ihn vom Thron stürzen will und gegen den Herrn Jesus selbst Krieg führen wird.

Genau das ist das Thema von Psalm 2. Es ist der Mühe wert, diesen Psalm an dieser Stelle zu lesen. Er ist außerordentlich lebendig, wenn man die verschiedenen Sprecher oder Gruppen beachtet:

- *Verse 1.2:* Der Psalmist beginnt den Psalm mit den Worten: „Warum toben die Nationen und sinnen Eitles die Völkerschaften? Die Könige der Erde treten auf, und die Fürsten beraten miteinander gegen den HERRN und gegen seinen Gesalbten."

- *Vers 3:* Nun zitiert der Psalmist diese Verschwörer: „Lasst uns zerreißen ihre Fesseln und von uns werfen ihre Seile!"

- *Verse 4.5:* Der Psalmist beschreibt die Reaktion Gottes darauf: „Der im Himmel thront, lacht, der Herr spottet ihrer. Dann wird er zu ihnen reden in seinem Zorn, und in seiner Zornglut wird er sie schrecken."

- *Vers 6:* Nun spricht Gott selbst von seinem Ratschluss über den Messias: „Habe ich doch meinen König eingesetzt auf Zion, meinem heiligen Berg!"

- *Verse 7–9:* Der Messias kommt zu Wort und spricht über das, was Gott zu Ihm gesagt hat: „Vom Beschluss will ich erzählen: Der HERR hat zu mir gesprochen: Du bist mein Sohn, heute habe *ich* dich gezeugt. Fordere von mir, und ich will dir die Nationen zum Erbteil geben und die Enden der Erde zum Besitztum. Mit eisernem Zepter wirst du sie zerschmettern, wie ein Töpfergefäß sie zerschmeißen."

- *Verse 10–12:* Schließlich fordert der Psalmist die Könige auf, sich willig der Herrschaft Christi zu unterwerfen: „Und nun, ihr Könige, seid verständig, lasst euch zurechtweisen, ihr Richter der Erde! Dient dem HERRN mit Furcht, und freut euch mit Zittern! Küsst den Sohn, damit er nicht zürnt und ihr umkommt auf dem Weg, wenn nur ein wenig entbrennt sein Zorn. Glückselig alle, die zu ihm Zuflucht nehmen!"

Die Schlacht in Harmagedon

„Und der sechste [Engel] goss seine Schale auf den großen Strom, den Euphrat, aus; und sein Wasser versiegte, damit der Weg der Könige bereitet würde, die von Sonnenaufgang her kommen. Und ich sah aus dem Mund des Drachen und aus dem Mund des Tieres und aus dem Mund des falschen Propheten drei unreine Geister kommen, wie Frösche; denn es sind Geister von Dämonen, die Zeichen tun, die zu den Königen des ganzen Erdkreises ausgehen, um

sie zu versammeln zu dem Krieg des großen Tages Gottes, des Allmächtigen. (Siehe, ich komme wie ein Dieb. Glückselig, der wacht und seine Kleider bewahrt, damit er nicht nackt einhergehe und man seine Schande sehe!) Und er versammelte sie an den Ort, der auf Hebräisch Harmagedon heißt" (Offenbarung 16,12–16).

Wenn der sechste Engel seine Zornesschale ausgießt, befinden wir uns schon fast am Ende der großen Drangsalszeit. Vorausgegangen sind dann in den ersten 3½ Jahren die Siegelgerichte und im Lauf der letzten 3½ Jahre auch die Posaunengerichte. Das Ausgießen der Zornesschalen geschieht unmittelbar vor dem Kommen Christi.

Unter dem erneuten Gericht Gottes durch die sechste und somit vorletzte Zornesschale findet eine enorme Truppenansammlung in Harmagedon statt. Harmagedon ist die griechisch-lateinische Form des Namens für Megiddo. Dieses Gebirge liegt im Südwesten der Jisreel-Ebene, die sich im Norden Israels zwischen dem Bergland Galiläas und Samarias bis zum Mittelmeer erstreckt. Bei dem Ort Megiddo liegt das bekannte Schlachtfeld, wo viele Könige zur Zeit des Alten Testamentes den Tod fanden (vgl. dazu Richter 4; 5,19; 6,33; 7,1; 1. Samuel 31,1–7; 2. Könige 9,27; 23,29). Megiddo war zur Zeit Salomos einer der wichtigsten strategischen Stützpunkte (1. Könige 9,15–19).

Die sechste Schale wird auf den Euphrat ausgegossen, der dadurch austrocknet und den Weg für die Könige frei macht, die von Sonnenaufgang, das heißt von

Osten, in Richtung Israel heraufziehen werden. Der Euphrat entsteht aus zwei Quellflüssen im Osten der heutigen Türkei, fließt durch Syrien, durchquert dann den Irak und vereinigt sich mit dem Tigris zum Schatt el-Arab, der schließlich in der Nähe der persischen Stadt Abadan in den Persischen Golf mündet.

Die Tatsache, dass diese Könige aus dem Osten hier nicht mit Namen genannt werden, macht eine Erklärung recht schwierig. Wer sich die Mühe macht, Bibelkommentare zu dieser Frage zu lesen, wird feststellen, dass es dazu recht unterschiedliche Erklärungen gibt. Ich vermute, dass es sich bei diesen Königen nicht um arabische Völker handelt, sondern um weiter östlich wohnende Völker wie Pakistan, Indien und China. Eins ist jedenfalls klar: Es handelt sich bei diesem sechsten Schalengericht um einen weiteren Truppenaufmarsch in Richtung Israel.

In den Versen 13–16 erfahren wir, wie unter der Einwirkung des Drachen (Satans) das Tier (der Herrscher des „vereinigten Europas") und der falsche Prophet (der Antichrist) auf den Einfall des Königs des Nordens und auf diesen Truppenaufmarsch reagieren werden. Johannes sieht, wie aus dem Mund des Drachen und aus dem Mund des Tieres und aus dem Mund des falschen Propheten drei unreine Geister wie Frösche hervorkommen. Diese Geister sind Geister von Dämonen, die Zeichen tun (vgl. die 2. Plage über Ägypten in 2. Mose 8,1–7) und die die Könige des ganzen Erdkreises nach Harmagedon versammeln. Die ganze Wirksamkeit der Dreieinheit des Bösen entfaltet sich hier.

Wer sind nun die Könige des ganzen Erdkreises? Der Ausdruck „des ganzen Erdkreises“ lautet wörtlich „der ganzen Bewohnten“. Das ist ein Ausdruck, den wir auch in Lukas 2,1 finden, wo es um die Bewohner des damaligen Römischen Reiches geht. Das legt den Schluss nahe, dass wir bei diesen Königen an die zehn Herrscher im Machtbereich des künftigen vereinigten Europas denken müssen (Offenbarung 17,12–14).

Der 15. Vers zieht deutlich eine zeitliche Verbindung zwischen diesem Krieg und der Erscheinung Christi oder dem Tag des Herrn (1. Thessalonicher 5,2; Offenbarung 3,3). Glückselig sind die, die das Kommen Christi erwarten und wachend gefunden werden. Ein Vergleich mit Offenbarung 19,19.20 zeigt, dass Harmagedon schließlich der Ort sein wird, wo die europäischen Streitmächte von Christus und seinem himmlischen Heer vernichtend geschlagen werden. Das ist das Thema des nächsten Abschnitts.

Christus rechnet mit den beiden Tieren und ihren Vasallen ab

„Und ich sah *einen* Engel in der Sonne stehen, und er rief mit lauter Stimme und sprach zu allen Vögeln, die inmitten des Himmels fliegen: Kommt her, versammelt euch zu dem großen Mahl Gottes, damit ihr Fleisch von Königen fresst und Fleisch von Obersten und Fleisch von Starken und Fleisch von Pferden und von denen, die darauf sitzen, und Fleisch von allen, sowohl von Freien als Sklaven, sowohl von Kleinen

als Großen. Und ich sah das Tier und die Könige der Erde und ihre Heere versammelt, um den Krieg zu führen mit dem, der auf dem Pferd saß, und mit seinem Heer. Und das Tier wurde ergriffen und der falsche Prophet, der mit ihm war, der die Zeichen vor ihm tat, womit er die verführte, die das Malzeichen des Tieres annahmen und die sein Bild anbeteten – lebendig wurden die zwei in den Feuersee geworfen, der mit Schwefel brennt. Und die Übrigen wurden getötet mit dem Schwert dessen, der auf dem Pferd saß, dem Schwert, das aus seinem Mund hervorging; und alle Vögel wurden von ihrem Fleisch gesättigt" (Offenbarung 19,17–21).

Diese Verse geben uns Aufschluss über das Ende des Tieres, des mächtigen Herrschers Europas, und über das Ende des Antichrists und der zehn Könige mit ihren großen Streitmächten. Nachdem die Hochzeit des Lammes mit seiner Braut, der Gemeinde, stattgefunden hat (Kap. 19,6–10), sieht Johannes, wie Christus mit himmlischen Heeren vom Himmel herniederkommt, um Gericht auszuüben (Kap. 19,11–16). Danach sieht er einen Engel in der Sonne stehen – sie ist das Symbol höchster Autorität –, der diese Autorität nun ausübt. In der Bildersprache der Offenbarung werden die Vögel des Himmels herbeigerufen, um sich zum großen Mahl Gottes zu versammeln, das am großen Tag Gottes, des Allmächtigen, stattfindet (vgl. Kap. 16,14).

Riesige Heere sind in Harmagedon versammelt, um letztlich gegen *den* Krieg zu führen, der auf dem Pferd sitzt, das ist das Lamm (siehe Kap. 17,13.14). Hier sehen wir, dass es möglich ist, dass Menschen in ihrer Vermessenheit meinen, gegen den Sohn Gottes kämpfen zu können. Das zeugt von einem ungeheuren Hass gegen Gott und seinen Gesalbten. Satan und seine Dämonen wissen, dass diese Schlacht bei Harmagedon schließlich auf einen Krieg gegen Christus selbst hinausläuft, wenn auch der äußere Anlass der ist, dass sie das Land Israel und die Stadt Jerusalem von der Belagerung durch den König des Nordens befreien wollen.

Plötzlich werden das Tier und der falsche Prophet vom Herrn Jesus ergriffen und lebendig in den Feuersee geworfen, und das, ohne zuvor abgeurteilt zu werden (V. 20). Dieses Gericht wird sie noch vor Beginn des Tausendjährigen Reiches treffen. Satan selbst und seine Engel (die Dämonen), für die der Feuersee bereitet ist (Matthäus 25,41), werden erst tausend Jahre später dorthin kommen, und zwar kurz vor Beginn des ewigen Zustandes (Offenbarung 20,10).

Nachdem das Gericht an dem Tier und an dem falschen Propheten vollzogen ist, werden die Könige der Erde zusammen mit den europäischen Heeren umkommen. Diese mächtigen Heere bestehen aus Menschen, die das Zeichen des Tieres angenommen und damit seine ungeheure Bosheit unterstützt haben. Sie werden das Schicksal des Tieres einmal teilen, doch noch nicht sofort. Sie sterben durch das Schwert, das aus dem Mund des Herrn Jesus hervorgeht, ohne dass jemand anders – außer dem himmlischen Heer – am Untergang dieser Truppen beteiligt sein wird (vgl. Offenbarung 19,15). Ihre Leiber werden auf der Erde liegen. In Jesaja 11,4 heißt es im Blick auf dieses Gericht: „Und er wird die Erde schlagen [die europäischen Heere] mit der Rute seines Mundes, und mit dem Hauch seiner Lippen den Gottlosen [den Antichrist] töten."

Ich habe den Eindruck, dass das Gericht an den beiden Tieren sowie an den zehn Königen und ihren Heeren noch vor der Vernichtung des Königs des Nordens stattfindet. Christus ist noch nicht auf dem Ölberg erschienen, sondern wird das Gericht in Harmagedon vom Himmel her ausüben.

Nochmals der König des Nordens

„Aber Gerüchte von Osten und von Norden her werden ihn erschrecken; und er wird ausziehen in großem Grimm, um viele zu vernichten und zu vertilgen. Und er wird seine Palastzelte aufschlagen zwischen dem Meer und dem Berg der heiligen Zierde. Und er wird zu seinem Ende kommen, und niemand wird ihm helfen" (Daniel 11,44.45).

Als Nächstes wird die Vernichtung des Königs des Nordens stattfinden. Wir haben bereits früher gesehen, dass der König des Nordens kurz vor dem Ende der großen Drangsal in Israel einfallen und nach Ägypten weiterziehen wird. Dann wird er jedoch aus Ägypten zurückkehren, um sich zwischen dem Mittelmeer und Jerusalem niederzulassen. Offensichtlich beabsichtigt er, Jerusalem erneut zu belagern, um es endgültig einzunehmen.

Dieser Rückzug aus Ägypten erfolgt wegen Gerüchten von Osten und von Norden her, und es ist sehr gut möglich, dass es sich hierbei um Meldungen über das Herannahen der großen Streitmächte handelt, von denen wir in Offenbarung 16,12–16 gelesen haben: (1) der Könige von Sonnenaufgang, deren Weg frei wird durch das Austrocknen des Euphrats, und (2) der europäischen Heere, die nach Harmagedon ziehen, um Israel und Jerusalem zu befreien. Das mag der Grund für diesen plötzlichen Rückzug des Königs des Nordens sein.

Doch auf welche Weise kommt der König des Nordens mit seiner Streitmacht zu seinem Ende, ohne dass ihm jemand noch zu Hilfe kommen kann? Ich glaube, dass inzwischen ein weiteres Ereignis von allergrößtem Ausmaß stattgefunden hat: *Christus ist wiedergekommen* und auf dem Ölberg erschienen. Dieses Ereignis wird nirgends so deutlich beschrieben wie in Sacharja 14,3–5.

Christus erscheint auf dem Ölberg

„Und der HERR wird ausziehen und gegen jene Nationen kämpfen, wie an dem Tag, da er kämpft, an dem Tag der Schlacht. Und seine Füße werden an jenem Tag auf dem Ölberg stehen, der vor Jerusalem im Osten liegt; und der Ölberg wird sich in der Mitte spalten, nach Osten und nach Westen hin, zu einem sehr großen Tal, und die Hälfte des Berges wird nach Norden und seine andere Hälf-

te nach Süden weichen. Und ihr werdet in das Tal meiner Berge fliehen, und das Tal meiner Berge wird bis Azel reichen; und ihr werdet fliehen, wie ihr vor dem Erdbeben geflohen seid in den Tagen Ussijas, des Königs von Juda. Und kommen wird der HERR, mein Gott, und alle Heiligen mit dir" (Sacharja 14,3–5).

Dieses Ereignis wird mehr als alle anderen den weiteren Verlauf der zukünftigen Ereignisse bestimmen. Nun erfüllt sich eine vor langer Zeit angekündigte Verheißung: In einem bestimmten Augenblick wird der Sohn Gottes, der Gott selbst ist, Jesus Christus, sichtbar wiederkommen.

Nahezu 2000 Jahre sind vergangen, seit Er auf der Erde war und etwas mehr als 30 Jahre in Israel lebte. Dort erfüllte Er in den letzten drei Jahren seines Erdenlebens seinen beispiellosen Dienst, den Gott Ihm aufgetragen hatte. Schließlich fand Er den Tod am Kreuz von Golgatha, weil das Volk der Juden seinen Messias ablehnte. Zugleich litt Er am Kreuz stellvertretend das Gericht Gottes über die Sünde und stellte Gott bezüglich seiner gerechten Forderungen an den Menschen zufrieden. Gott ist durch das Werk seines Sohnes verherrlicht worden, und Er hat Christus als Beweis dafür nach drei Tagen auferweckt. In den vierzig Tagen nach seiner Auferweckung erschien der Herr mehrmals neben vielen anderen (vgl. 1. Korinther 15,5–8) seinen Jüngern, den Aposteln, und fuhr dann zehn Tage vor Pfingsten zum Himmel auf.

Von seinem Wiederkommen sprachen die beiden Engel, die den Jüngern bei der Himmelfahrt Jesu auf dem Ölberg erschienen: „Dieser Jesus, der von euch weg in den Himmel aufgenommen worden ist, wird ebenso kommen, wie ihr ihn habt auffahren sehen in den Himmel“ (Apostelgeschichte 1,11). Wer jetzt noch daran zweifelt, dass der Mensch gewordene Sohn Gottes der HERR des Alten Testamentes ist, den mag ein Vergleich von Apostelgeschichte 1 und Sacharja 14 völlig überzeugen. Die Füße des Sohnes Gottes werden auf dem Ölberg stehen!

Im Augenblick seiner Erscheinung wird ein Erdbeben stattfinden, wodurch der Ölberg in Ost-West Richtung in zwei Hälften gespalten wird. Die eine Hälfte des Berges wird nach Norden weichen und die andere nach Süden. Das Tal, das auf diese Weise entsteht, wird hier „das Tal meiner Berge“ genannt. Es wird den Bewohnern Jerusalems die Möglichkeit bieten, aus der Stadt zu fliehen. Sie fliehen erst einmal bis nach „Azel“, einem Ort, der noch einmal in Micha 1,11 (Beth-Ezel) erwähnt wird und wohl nicht weit von Jerusalem entfernt ist.

Der Herr Jesus wird zusammen mit allen seinen himmlischen Heiligen und seinen Engeln auf dem Ölberg erscheinen. In Offenbarung 19,11–16 werden sie im Bild der Kriegsheere gesehen, die Ihn begleiten, wenn Er die Tiere ergreift und die Könige Westeuropas und ihre Heere tötet.

Christus erscheint, wenn die Bewohner Jerusalems in höchster Not und Gefahr sind. Mit ihnen zusammen führt Er einen vernichtenden Schlag gegen den König des Nordens. Dabei werden den Einwohnern Jerusalems die Bewohner Judäas helfen, die zu Beginn der Drangsalszeit geflohen waren und nun zurückgekehrt sind (Sacharja 10,3–5; 12,1–6).

Gericht an den Nachbarvölkern Israels

„**Siehe, ich mache Jerusalem zu einer Taumelschale für alle Völker ringsum; und auch über Juda wird es kommen bei der Belagerung von Jerusalem. Und es wird geschehen an jenem Tag, da werde ich Jerusalem zu einem Laststein für alle Völker machen: Alle, die ihn aufladen wollen, werden sich gewiss daran verwunden. Und alle Nationen der Erde werden sich gegen es versammeln. ... An jenem Tag werde ich die Fürsten von Juda einem Feuerbecken unter Holzstücken und einer Feuerfackel unter Garben gleichmachen; und sie werden zur Rechten und zur Linken alle Völker ringsum verzehren**“ (Sacharja 12,2.3.6).

Doch was geschieht mit den anderen Völkern, die außer dem König des Nordens nach Jerusalem hinaufgezogen sind, um gegen die Stadt zu kämpfen? Auch auf diese Frage finden wir wieder eine deutliche Antwort im Buch des Propheten Sacharja. Wir haben gesehen, dass die europäischen Heere vernichtet und das Tier und der falsche Propheten dem Feuersee übergeben sind, dass Christus wiedergekommen und seinem Volk auf dem Ölberg erschienen ist und dass der König des Nordens geschlagen ist. An manchen Stellen des Alten Testamentes lesen wir von vielen weiteren Völkern oder Nationen[18], die ebenfalls nach Jerusalem marschieren werden. Einige wichtige Stellen dazu sind: Maleachi 3,19–21; Joel 4,1.2.11–16; Psalm 83,2–9 und schließlich Sacharja 12,1–6.

Es ist deutlich, dass all diese Völker nicht mit den zehn Königen und ihren Heeren identisch sind. In Maleachi 3 erfahren wir vor allem, dass diese Völker nach der Erscheinung Christi gerichtet werden. Joel nennt uns als Ort dieses Geschehens das Tal Josaphat.[19] In Psalm 83 werden diese Völker mit ihren prophetischen Namen genannt: Edom, die Ismaeliter, die Hageriter, Gebal, Ammon, Amalek, Philistäa und Assur. Und schließlich erfahren wir aus Sacharja 12,1–6, dass Gott diese Völker richten wird, indem die Bewohner der Stadt Jerusalem und Judäas diese Völker schlagen (vgl. auch Sacharja 10,3–5).

Zum weiteren Studium des Themas weise ich abschließend auf die Gerichtsankündigungen über diese feindlichen Völker in Jesaja 13–27; 34 und auf Jeremia 46–51 hin.

---

18 In Sacharja 12,2.6 ist von den „Völkern ringsum" und in Kapitel 12,3 von „allen Nationen der Erde" die Rede.

19 Es ist nicht eindeutig, wo wir dieses Tal zu suchen haben. Manche vermuten es in der unmittelbaren Nähe von Jerusalem.

Was geschieht mit Russland?

„Und das Wort des HERRN erging an mich, indem er sprach: Menschensohn, richte dein Angesicht gegen Gog vom Land Magog, den Fürsten von Rosch, Mesech und Tubal, und weissage gegen ihn und sprich: So spricht der Herr, HERR: Siehe, ich will an dich, Gog, Fürst von Rosch, Mesech und Tubal. Und ich werde dich herumlenken und Haken in deine Kinnbacken legen; und ich werde dich herausführen und dein ganzes Heer ... Perser, Äthiopier und Put mit ihnen, ... viele Völker mit dir. ... Nach vielen Tagen sollst du heimgesucht werden: Am Ende der Jahre sollst du in das Land kommen, ... das aus vielen Völkern gesammelt ist, auf die Berge Israels ... Und du sollst heraufziehen, wie ein Sturm herankommen, sollst wie eine Wolke sein, um das Land zu bedecken, du und alle deine Scharen und viele Völker mit dir“ (Hesekiel 38,1–9).

Es ist empfehlenswert, zunächst Hesekiel 38 und 39 im Zusammenhang zu lesen. Diese beiden Kapitel behandeln das eine Thema: die Vernichtung riesiger Streitkräfte. Zuerst erfahren wir, dass die Streitkräfte, abgesehen von den vielen Völkern, die sie begleiten (u. a. Persien und Äthiopien), im äußersten Norden beheimatet sind. Die Ortsangabe „äußerster Norden“ kommt dreimal in diesen Kapiteln vor (38,6.15; 39,2) und ist von Israel aus gesehen zu verstehen. Wer sich eine entsprechende Landkarte zur Hand nimmt, sieht, dass das kein anderes Land sein kann als Russland mit seiner Hauptstadt Moskau. Wir können also einen klaren Unterschied zwischen dem „König des

Nordens" und diesen Heeren aus dem „äußersten Norden" machen. In ihrer Feindschaft gegen das Volk Israel werden sie sich einig sein.

Große russische Heere werden zu einem Zeitpunkt in Israel einfallen, wo sich das kleine Land zu Beginn des Friedensreiches schon in verhältnismäßiger Ruhe und Sicherheit befindet (Kap. 38,14) – es wird das „Land der offenen Städte" genannt (Kap. 38,11). Dieser Zeitpunkt erscheint den russischen Streitkräften geeignet, das Land Israel zu erobern, sicherlich nicht zuletzt deshalb, weil die europäischen Heere vernichtet sind, der König des Nordens sein Ende gefunden hat und das Gericht an den Nachbarvölkern Israels vollzogen ist. Russland hat sich bis dahin aus dem Kriegsgeschehen herausgehalten. Sollte es jetzt nicht ein Leichtes sein, dem vom Krieg geschwächten Israel die Beute zu entreißen (denken wir nur an die riesigen Ölvorkommen in den dann von Israel besiegten Ländern)?

Doch eins scheinen die Heerführer dieser Streitmächte nicht zu wissen: Gott ist es, der ihre Heere herumlenkt – einem Pferd gleich, in dessen Backen man Haken legt – und zu den Bergen Israels bringt. Dort wird Gott diese mächtigen Heere vernichten: „Und ich werde nach allen meinen Bergen hin das Schwert über ihn herbeirufen, spricht der Herr, HERR; das Schwert des einen wird gegen den anderen sein. Und ich werde Gericht an ihm üben durch die Pest und durch Blut; und einen überschwemmenden Regen und Hagelsteine, Feuer und Schwefel werde ich regnen lassen auf ihn und auf seine Scharen und auf die vielen Völker, die mit ihm sind. Und ich werde mich groß und heilig erweisen und werde mich kundtun vor den Augen vieler Nationen. Und sie werden wissen, dass ich der HERR bin“ (Hesekiel 38,21–23).

Das wird das Ende dieser Streitmächte sein, die Gott dadurch schlagen wird, dass sie sich einerseits gegenseitig umbringen und dass sie andererseits durch Naturkatastrophen umkommen. Bei diesem Gericht werden so viele Menschen umkommen, dass die Bewohner des Landes Israel sieben Monate lang deren Leichen begraben müssen (Hesekiel 39,12–16)

Das Gericht an den Lebendigen

„Wenn aber der Sohn des Menschen kommen wird in seiner Herrlichkeit und alle Engel mit ihm, dann wird er auf seinem Thron der Herrlichkeit sitzen; und alle Nationen werden vor ihm versammelt werden, und er wird sie voneinander scheiden, so wie der Hirte die Schafe von den Böcken scheidet. Und er wird die Schafe zu seiner Rechten stellen, die Böcke aber zur Linken. Dann wird der König zu denen zu seiner Rechten sagen: Kommt her, Gesegnete meines Vaters, erbt das Reich, das euch bereitet ist von Grundlegung der Welt an; denn ich war hungrig, und ihr gabt mir zu essen; ich war durstig, und ihr gabt mir zu trinken; ich war Fremdling, und ihr nahmt mich auf; nackt, und ihr bekleidetet mich; ich war krank, und ihr besuchtet mich; ich war im Gefängnis, und ihr kamt zu mir. ... Wahrlich ich sage euch, insofern ihr es einem der geringsten dieser meiner Brüder getan habt, habt ihr es mir getan.

Dann wird er auch zu denen zur Linken sagen: Geht von mir, Verfluchte, in das ewige Feuer, das dem Teufel und seinen Engeln bereitet ist; denn ich war hungrig, und ihr gabt mir nicht zu essen; ich war durstig, und ihr gabt mir nicht zu trinken; ich war Fremdling, und ihr nahmt mich nicht auf; nackt, und ihr bekleidetet mich nicht; krank und im Gefängnis, und ihr besuchtet mich nicht. ... Wahrlich, ich sage euch, insofern ihr es einem dieser Geringsten nicht getan habt, habt ihr es auch mir nicht getan. Und diese werden hingehen in die ewige Pein, die Gerechten aber in das ewige Leben“ (Matthäus 25,31–46).

Zu Beginn des Friedensreiches, wenn der Sohn des Menschen in seiner Herrlichkeit erschienen ist, werden alle Völker der Erde vor Ihm versammelt werden.[20] Alle diese Völker werden hier in zwei Gruppen gesehen: als Schafe und als Böcke. Diese Völker werden voneinander geschieden. Die Schafe gehen in das Reich ein, das Gott ihnen bereitet hat, und die Böcke gehen in das ewige Verderben. Das Kriterium für das Gericht bzw. für den Segen ist allein die Tatsache, wie diese Menschen den Brüdern des Königs begegnet sind.

---

[20] Das ist also jetzt die fünfte Gruppe von Völkern, die wir im Blick auf die endzeitlichen Ereignisse unterscheiden müssen. Wir wollen uns die einzelnen Gruppen der Übersicht halber noch einmal in Erinnerung rufen: (a) die europäischen Heere, (b) den König des Nordens, (c) die Nachbarvölker Israels, (d) Russland mit seinen Verbündeten und schließlich (e) alle übrigbleibenden Völker. Es ist nicht unwahrscheinlich, dass dann auch die Völker endgültig gerichtet werden, deren Streitkräfte bereits zu einem früheren Zeitpunkt in Israel geschlagen wurden.

Wer sind die Brüder des Königs? Es sind vor allem die Boten aus dem Volk Israel, die nach der Entrückung der Gemeinde, und zwar besonders in der ersten Hälfte der letzten Jahrwoche Daniels, das Evangelium des Reiches weltweit allen Völkern verkündigt haben werden (Matthäus 24,14). Das haben sie mit großem Einsatz, aber unter viel Feindschaft und Einsatz ihres Lebens getan.

Der Herr betrachtet bei der Gerichtsverhandlung, wenn alle Völker vor Ihm versammelt sind, was sie seinen Brüdern während dieser schweren Zeit getan haben, als hätten sie es Ihm getan. Auf die erstaunte Frage beider Gruppen, wann sie dem König begegnet seien, erklärt Er ihnen, dass es um ihr Verhalten seinen Brüdern gegenüber gehe. Die „Schafe" haben das Evangelium angenommen, und das haben sie nicht zuletzt dadurch bewiesen, dass sie die Boten des Königs, seine Brüder, aufgenommen haben. Doch die „Böcke" haben ihre Ablehnung dadurch zu erkennen gegeben, dass sie den Boten nicht zu essen und zu trinken gegeben haben, sie weder bekleidet noch im Gefängnis besucht haben.

Müssen wir uns dieses Gericht so vorstellen, dass die einzelnen Personen dieser Völker in Jerusalem versammelt sein werden? Oder werden die Gerichtsurteile in Jerusalem gefällt – möglicherweise in Gegenwart von Gesandtschaften dieser Völker, wie sie auch während der Dauer des Friedensreiches jährlich nach Jerusalem hinaufziehen werden –, dann aber in den jeweiligen Ländern selbst vollstreckt?

Wir werden einmal sehen, wie das geschehen wird. Siehe dazu Matthäus 13,38–43.49.50.

Das tausendjährige Friedensreich

Die Zeit des Endes ist mit dem Ereignis, mit dem wir uns zuletzt beschäftigt haben, im eigentlichen Sinn abgeschlossen; wir befinden uns ja nun in der Zeit des herrlichen Friedensreiches, das Gegenstand vieler Prophezeiungen in der Bibel ist. Zum Einstieg wollen wir uns einem Abschnitt aus Jesaja 65 zuwenden:

„Denn siehe, ich schaffe einen neuen Himmel und eine neue Erde; und an die früheren wird man sich nicht mehr erinnern, und sie werden nicht mehr in den Sinn kommen. Sondern freut euch und frohlockt auf ewig über das, was ich schaffe. Denn siehe, ich verwandle Jerusalem in Frohlocken und sein Volk in Freude. Und ich werde über Jerusalem frohlocken und über mein Volk mich freuen ... Und dort wird kein Säugling von einigen Tagen und kein Greis mehr sein, der seine Tage nicht erfüllte; denn der Jüngling wird als Hundertjähriger sterben und der Sünder als Hundertjähriger verflucht werden. Und sie werden Häuser bauen und bewohnen und Weinberge pflanzen und ihre Frucht essen. ... denn wie die Tage des Baumes sollen die Tage meines Volkes sein, und meine Auserwählten werden das Werk ihrer Hände verbrauchen. Nicht vergeblich werden sie sich mühen, und nicht zum jähen Untergang werden sie zeugen; denn sie sind Nachkommen der Gesegneten des HERRN, und ihre Sprösslinge mit ih-

nen. Und es wird geschehen: Ehe sie rufen, werde *ich* antworten; während sie noch reden, werde *ich* hören. Wolf und Lamm werden zusammen weiden; und der Löwe wird Stroh fressen wie das Rind. Und die Schlange: Staub wird ihre Speise sein. Man wird nichts Böses tun und kein Verderben anrichten auf meinem ganzen heiligen Berg, spricht der HERR“ (Jesaja 65,17–25).

Die einzige Stelle, aus der wir wissen, dass das Friedensreich genau tausend Jahre dauern wird, finden wir in Offenbarung 20,2–7, wo wir sechsmal von „tausend Jahren“ lesen.

Weitere Stellen über dieses Reich sind Psalm 22,27–32; Psalm 45; 72; 110; 111; 132; 133; 145; Jesaja 2,2–4; 9,6; 11,6–16; 25,6–8; 32,1–5.15–18; 33,17–20; 35,1–10; 54,13; 66,10–14.18–24; Jeremia 31,31–40; dann Hesekiel 40–48, wo wir sehr ausführlich den neuen Tempel beschrieben finden, der im Tausendjährigen Reich gebaut werden wird; siehe auch Daniel 7,27; Hosea 14,4–8; Joel 4,17; Amos 9,11–15; Zephanja 3,5.9–20; Haggai 2,7–9; Sacharja 6,13 und 14,6–21.

Jetzt hat der König der Gerechtigkeit seinen Einzug in Jerusalem gehalten und sitzt auf seinem Thron der Herrlichkeit. Er hat – zum Teil zusammen mit seinem Volk – alle Feinde Israels geschlagen. All die schrecklichen Gerichte, von denen vor allem das Buch der Offenbarung handelt, haben die Erdbevölkerung getroffen. Im Bereich des „christlichen Abendlandes“ sind viele Menschen umgekommen. Dort hatte

Gott einmal in der Zeit des Christentums großartige Segnungen schenken können und dort haben die Menschen unter der Herrschaft des Tieres Gott den Rücken zugekehrt. Und die Menschen, die dann dort noch leben, sind solche, die das Evangelium der Gnade früher nicht gehört hatten und somit noch die Möglichkeit haben, sich zu bekehren.

Alle Juden, die den Antichrist als Messias angenommen hatten, sind ebenfalls in den Kriegen umgekommen. Es wird kein einziger gottloser Jude in dieses Reich eingehen: „Und dein Volk, sie alle werden Gerechte sein" (Jesaja 60,21). Die islamischen Nachbarvölker sind geschlagen und schließlich sind auch die russischen Streitmächte auf den Bergen Israels gefallen.

So schrecklich diese Gerichte einerseits sind, so wird Gott sich doch andererseits dadurch verherrlichen, denn seine Gerechtigkeit hat sich nie zuvor weltweit in dieser Weise entfaltet. Jesaja schreibt im Blick auf die Gerichte Gottes: „Und der HERR der Heerscharen wird im Gericht erhaben sein, und Gott, der Heilige, sich heilig erweisen in Gerechtigkeit" (Jesaja 5,16). Als Folge davon wird die Erde voll werden von der Erkenntnis des HERRN, so wie die Wasser den Meeresgrund bedecken (Jesaja 11,9). Außerdem werden die Bewohner der Erde Gerechtigkeit lernen, wenn Gott seine Gerichte über die Menschen bringt (Jesaja 26,9). Ja, die Erde muss durch Gerichte gereinigt werden. Gott wird alle seine Feinde aus dem Weg räumen und dadurch die Voraussetzung für ein Reich schaffen, wo Gerechtigkeit und Friede herrschen werden. So sehr uns der Gedanke an die Gerichte erschrecken mag (obwohl die Gemeinde diese Zeit nicht auf der Erde miterleben wird), so sehr freuen wir uns doch darüber, dass durch die Gerichte der Weg für dieses Reich geebnet wird.

Nun kehren wir zurück zu Jesaja 65. Der zitierte Abschnitt beginnt mit der Feststellung, dass Gott einen neuen Himmel und eine neue Erde schaffen wird. Wenn man das oberflächlich liest und mit Offenbarung 20,11 und 21,1 vergleicht, könnte man zu dem Eindruck kommen, dass sich diese Neuschaffung von Himmel und Erde auf den ewigen Zustand bezieht (siehe später). Doch Jesaja zeigt in Kapitel 65,20 deutlich, dass es auf der von ihm beschriebenen „neuen Erde" noch Tod und Gericht geben wird. Wenn man ferner bedenkt, dass die Prophezeiungen des Alten Testamentes nicht über das tausendjährige Friedensreich hinausgehen, dann wird deutlich, dass der „neue Himmel" und die „neue Erde" von Jesaja 65 sich auf den gereinigten Himmel und die gereinigte Erde im Tausendjährigen Reich beziehen. Es geht um eine moralische Neuschaffung.

Diese Neuschaffung bezieht sich also bereits auf den Anfang des Friedensreiches. In diesem Sinn hat der Herr Jesus von dieser Zeit auch von einer *Wiedergeburt* gesprochen (Matthäus 19,28). Gott wird Jerusalem in Frohlocken umwandeln und seinem Volk eine Fülle von Freude geben (V. 18). Er selbst wird sich über Jerusalem und sein Volk freuen (V. 19). Während dieser Zeit wird der Tod eine Ausnahme sein, und zwar als Gericht über offenbare Sünde, nämlich Abfall von Gott. Es wird keine Säuglingssterblichkeit mehr geben. Ein Greis wird seine Tage erfüllen. Soweit wir wissen, hat kein Mensch früher – auch nicht in der Zeit vor der Flut – die 1000-Jahres-Grenze überschritten. In Zukunft werden die Menschen, die lebend in das Reich eingehen, diese Grenze wohl überschreiten. Methusalah, dem ältesten Menschen in der Bibel, fehlten 31 Jahre an tausend Jahren (1. Mose 5,27). Wer als Hundertjähriger stirbt – und zwar wenn er von Gott wegen seiner Sünde gerichtet wird –, ist noch ein Jüngling.

Gott wird die vielen Verheißungen, die Er seinem Volk Israel gegeben hat, alle erfüllen. An der allmählichen Neuschaffung, den Veränderungen durch die herrlichen Segnungen dieses Reiches, wird das Volk beteiligt sein. Sie wirken mit an der Schaffung „paradiesischer" Zustände: Sie bauen und pflanzen Weinberge, wie es hier heißt.

In der Tierwelt wird es erhebliche Veränderungen geben: Wolf und Lamm werden nebeneinander weiden, was heute undenkbar ist. Der Löwe wird Stroh fressen wie das Rind. Das gegenseitige Fressen und Töten wird es in der Tierwelt in der bisherigen Weise nicht mehr geben. Der Fluch, der sich durch den Sündenfall auch über die Tierwelt erstreckte, wird größtenteils aufgehoben sein: Allerdings wird die Schlange weiter auf ihrem Bauch kriechen und Staub fressen (siehe 1. Mose 3,14).

Das gibt uns einen Eindruck von den tiefgreifenden Veränderungen in dieser Zeit. Nun fassen wir die besonderen Kennzeichen des Friedensreiches stichpunktartig zusammen:

1. Christus wird in Jerusalem König über die ganze Erde sein (Jesaja 24,23; Sacharja 14,9).
2. In Jerusalem wird es eine zentrale Weltregierung geben.
3. Jerusalem wird mit seinem Tempel die einzige Stätte wahrer Anbetung sein. Alle Nationen (d.h. entsprechende Gesandtschaften) müssen einmal im Jahr in Jerusalem erscheinen, um das Laubhüttenfest zu feiern, andernfalls wird über das betreffende Land kein Regen kommen (Sacharja 14,16–19).
4. Satan und seine Dämonen werden für tausend Jahre gebunden sein (Offenbarung 20,2.7; Jesaja 24,21.22).
5. Die Menschen werden nicht sterben, es sei denn, dass sie sich gegen die gerechte Regierung Christi auflehnen.
6. Sünden aus Versehen können aufgrund der Sündopfer im Blick auf Gottes Regierungswege vergeben werden, denn der Opferdienst wird wieder eingeführt sein (Hesekiel 40–48).
7. Krankheiten wird es nur noch als direkte Folge göttlicher Zucht geben, es gibt jedoch ein Heilmittel dafür (Hesekiel 47,12; vgl. Psalm 103,3 und 2. Mose 15,26).
8. Es wird erhebliche Veränderungen in der Natur geben: Neben Veränderungen in der Tierwelt wird sich auch die Beschaffenheit der Erdoberfläche ändern (Sacharja 14,10).

Schließlich wird Satan am Ende des Friedensreiches noch einmal aus seinem Gefängnis freigelassen werden und die Möglichkeit haben, die Nationen zu verführen. Er wird sich dabei vor allem der Völker bedienen, die sich am weitesten von Jerusalem entfernt angesiedelt haben. Die Erwähnung von „Gog“ und „Magog“ könnte ein Hinweis auf eine bedeutende Rolle Russlands bei diesem Ereignis sein. Dieses Land würde dann selbst nach einer tausendjährigen Herrschaft Christi an seine atheistische Vergangenheit anknüpfen und führend sein beim letzten großen Aufstand gegen Gott, wenn die Völker noch einmal heraufziehen werden, um gegen Jerusalem zu kämpfen. Gott wird sie durch Feuer aus dem Himmel verschlingen (siehe Offenbarung 20,7–9). In diesen drei Versen finden wir wichtige Mitteilungen über das Ende des Friedensreiches.

Danach wird uns in Offenbarung 20,10 in einem einzigen Vers das endgültige Gericht Satans beschrieben: „Und der Teufel, der sie verführte, wurde in den Feuer- und Schwefelsee geworfen.“ Dort wird Satan mit seinen beiden großen „Instrumenten“ wieder vereinigt sein, nämlich dem Tier (römischer Herrscher) und dem falschen Propheten (Antichrist), die bereits tausend Jahre zuvor dorthin geworfen wurden: „Und sie werden Tag und Nacht gepeinigt werden von Ewigkeit zu Ewigkeit.“ Ihr Gericht wird niemals ein Ende finden.

Ist es nicht entsetzlich, dann in den folgenden Versen von solchen Personen zu lesen, die ebenfalls an diesen Ort ewiger Verdammnis gelangen werden? Zuvor werden sie jedoch vor dem großen weißen Thron stehen und gerichtet werden.

Der große weiße Thron – das Gericht der Toten

„**Und ich sah einen großen weißen Thron und den, der darauf saß, vor dessen Angesicht die Erde entfloh und der Himmel, und keine Stätte wurde für sie gefunden. Und ich sah die Toten, die Großen und die Kleinen, vor dem Thron stehen, und Bücher wurden geöffnet; und ein anderes Buch wurde geöffnet, welches das des Lebens ist. Und die Toten wurden gerichtet nach dem, was in den Büchern geschrieben war, nach ihren Werken. ... Dies ist der zweite Tod, der Feuersee. Und wenn jemand nicht geschrieben gefunden wurde in dem Buch des Lebens, so wurde er in den Feuersee geworfen**“ (Offenbarung 20,11–15).

Wer ist es, der auf dem Thron sitzt, ohne dass sein Name genannt wird? Kein anderer als unser Herr Jesus Christus, denn Er sprach während seines Erdenlebens davon, dass Gott Ihm als dem Sohn des Menschen das ganze Gericht übergeben habe (Joh 5,22.27). Gott wollte, dass schließlich alle Menschen den Sohn ehren, auch wenn sie nur vor Ihm als dem gerechten Richter aller Menschen auf die Knie fallen würden (vgl. Philipper 2,9–11).

Darf ich Sie an dieser Stelle fragen, ob Sie den Sohn Gottes bereits ehren? Das ist die entscheidende Frage in Ihrem Leben. Es geht um Ihr persönliches Verhältnis zu Ihm, der einmal auf dem Kreuz von Golgatha sein Leben für Sünder wie Sie und mich gegeben hat. Sie können in der jetzigen Zeit den Sohn Gottes nur dadurch ehren, dass Sie an Ihn glauben und Gott aufrichtig Ihre Sünden bekennen. Kennen Sie Ihn schon als Ihren Heiland? Wenn nicht, dann lernen Sie Ihn kennen. Ich kann Ihnen nichts Besseres empfehlen, als das Wort Gottes zu lesen, vielleicht anfangend mit dem Johannesevangelium, und zwar mit dem ernsten Gebet zu Gott, dass Er sich Ihnen offenbaren möge.

Vor dem, der auf dem Thron sitzt, werden Himmel und Erde entweichen. Sie müssen einer endgültigen Neuerschaffung Platz machen. Danach sieht Johannes vor dem Thron alle Toten stehen. Obwohl diese Menschen auferstanden sind, werden sie dennoch „die Toten" genannt. Sie sind geistlicherweise getrennt von Gott. Da stehen sie alle, die Großen und die Kleinen – diese Unterscheidung bezieht sich auf die Bedeutung, die sie einmal in ihrem Leben auf der Erde hatten. Da stehen Menschen, deren Namen über Jahrhunderte oder sogar Jahrtausende in aller Mund waren; da stehen Menschen, an die kaum noch jemand dachte, nachdem sie gestorben waren. Da stehen Herrscher und Bettler, da stehen Reiche und Arme, Hohe und Niedrige, da steht ... der Mann und die Frau, denen du in deinem Leben begegnet bist, mein gläubiger Freund, und denen du das Evangelium nicht weitergesagt hast ...

Bücher werden geöffnet, Bücher, in denen all die vielen Sünden dieser Menschen aufgezeichnet sind, die dort stehen. Das Gericht der Toten entspricht genau dem, was in den Büchern steht. Die Menschen werden nach ihren Werken gerichtet. Die Schwere ihres

Gerichts entspricht der Größe ihrer Verfehlungen. Doch da ist auch noch ein anderes Buch, das eine wichtige Rolle spielt: das Buch des Lebens. Und der, dessen Name nicht im Buch des Lebens verzeichnet ist, wird in den Feuersee geworfen.

Alle diese Toten haben nicht nur den leiblichen Tod – den ersten Tod – erfahren, sondern sie werden nun auch dem zweiten, dem ewigen, nie endenden Tod übergeben, das ist der Feuersee. Das Furchtbare ist, dass dieser zweite Tod nicht das Auslöschen ihrer Persönlichkeit, ihrer Existenz ist. Nein, ganz im Gegenteil, diese Toten werden in Ewigkeit bei vollem Bewusstsein Tag und Nacht gepeinigt werden. Obwohl dieser Ort der Qual, den der Herr Jesus in Matthäus 25,41 „das ewige Feuer" nennt, für den Teufel und seine Engel bereitet ist, werden alle Menschen, die dem Teufel nachgefolgt sind, auch deren ewige Bestimmung teilen.

Wer sich nicht von Herzen zu Gott bekehrt, das heißt, wer nicht aufrichtig seine Sünden bekennt, dessen Namen schreibt Gott nicht in das Buch des Lebens. Er wird in den Feuersee geworfen. Das ist das Letzte, was Gott tun wird, bevor dann ein neuer Himmel und eine neue Erde entstehen.

Damit sind wir beim zukünftigen ewigen Zustand angekommen.

Der zukünftige ewige Zustand

„Und ich sah einen neuen Himmel und eine neue Erde; denn der erste Himmel und die erste Erde waren vergangen, und das Meer ist nicht mehr.

Und ich sah die heilige Stadt, das neue Jerusalem, aus dem Himmel herabkommen von Gott, bereitet wie eine für ihren Mann geschmückte Braut. Und ich hörte eine laute Stimme aus dem Thron sagen: Siehe, die Hütte Gottes bei den Menschen! Und er wird bei ihnen wohnen, und sie werden sein Volk sein, und Gott selbst wird bei ihnen sein, ihr Gott. Und er wird jede Träne von ihren Augen abwischen, und der Tod wird nicht mehr sein, noch Trauer, noch Geschrei, noch Schmerz wird mehr sein; denn das Erste ist vergangen.

Und der, der auf dem Thron saß, sprach: Siehe, ich mache alles neu. Und er spricht zu mir: Schreibe, denn diese Worte sind gewiss und wahrhaftig. Und er sprach zu mir: Es ist geschehen. *Ich* bin das Alpha und das Omega, der Anfang und das Ende. *Ich* will dem Dürstenden aus der Quelle des Wassers des Lebens geben umsonst. Wer überwindet, wird dieses erben, und ich werde ihm Gott sein, und *er* wird mir Sohn sein. Den Feigen aber und Ungläubigen und mit Gräueln Befleckten und Mördern und Hurern und Zauberern und Götzendienern und allen Lügnern – ihr Teil ist in dem See, der mit Feuer und Schwefel brennt, welches der zweite Tod ist“ (Offenbarung 21,1–8).

Hier haben wir nun in nur acht Versen die Beschreibung des ewigen Zustandes: Johannes sieht einen neuen Himmel und eine neue Erde. Der erste Himmel und die erste Erde waren vor dem Richter auf dem großen weißen Thron entflohen.

Gott wird im ewigen Zustand in einer innigen Beziehung mit den Menschen auf der neuen Erde verkehren. Er wird in einer für uns heute noch nicht vorstellbaren Weise bei den Menschen wohnen. Alle Menschen auf der Erde werden zusammen sein Volk sein.[21] Es wird keine unterschiedlichen Völker mehr geben.

Gott wird sich in fürsorglicher Weise um jeden einzelnen Menschen kümmern: Er wird ihnen, wie eine Mutter ihrem Kind, die Tränen abwischen und damit die Erinnerung an schwere Erlebnisse wegnehmen. Es wird weder Tod noch Trauer, weder Geschrei noch Schmerz geben. Das Erste ist vergangen. Gott hat alles neu gemacht.

Gott wird dem, der überwindet, zum Gott sein, und er wird Ihm zum Sohn sein. Ist es nicht eine wunderbare, ewige Segnung, Gott so zu kennen?

Als Abschluss dieses Abschnitts werden noch acht Gruppen von Sündern aufgezählt. Gott gibt gleich-

[21] Die Gläubigen der Gemeinde werden dann ihr Zuhause im Vaterhaus haben. Dass sie hier als „Hütte Gottes" auf der neuen Erde gesehen werden, zeigt: Wenn Gott sich bei den Menschen auf der neuen Erde aufhält, wird Er dies nicht ohne die Gemeinde tun, die in Ewigkeit seine „Wohnung" ist.

sam noch einmal eine Warnung und zugleich eine Antwort auf die Frage, welche Menschen an den ewigen Segnungen auf der neuen Erde nicht teilhaben, sondern für immer im Feuer- und Schwefelsee sein werden:

1. Alle Feigen: Das sind die Menschen, die zu feige und furchtsam waren, sich zu Gott zu bekehren.
2. Die Ungläubigen: Das sind die Menschen, die Gott nicht glaubten. Oder sollen wir sagen: die Gott nicht gehorchen *wollten*? Der Wortstamm bedeutet auch: Untreue.
3. Die mit Gräueln befleckten Menschen sind nicht zuletzt die, die das Bild, das der Antichrist aufgestellt hat, angebetet haben. Es sind alle, die durch die Anbetung des Gräuels beschmutzt worden sind.
4. Mörder: Der erste Mensch, der auf der Erde geboren wurde, Kain, der erstgeborene Sohn von Adam und Eva, war zugleich der erste Mörder. Dieser ermordete seinen Bruder Abel, und das aus religiösen Motiven. Ist der schrecklichste Mord, der je geschehen ist, nicht der Mord, den Menschen an dem Sohn Gottes verübt haben?
5. Hurer: Das sind die Menschen, die unerlaubten Geschlechtsverkehr ausüben. Hurerei war die Sünde, derentwegen die Städte Sodom und Gomorra schließlich umkamen, und es ist die Sünde, an der die heutige Menschheit moralisch zugrunde geht.
6. Zauberer: Das sind die Menschen, die sich in irgendeiner Weise mit Okkultismus abgaben und damit in satanische Bindungen gerieten.

7. Götzendiener: Das sind die Menschen, die, statt Gott zu ehren, einem anderen Gott dienten. Es sind auch solche, die das Tier und den falschen Propheten anbeteten. Nicht selten war ihr eigenes Ego ihr Gott, dem sie dienten.
8. Lügner: Lüge ist durchaus keine geringfügige Sünde in den Augen Gottes. Gibt es einen Menschen, der noch nie gelogen hat?

Das Teil all dieser Menschen ist im See, der mit Feuer und Schwefel brennt. Wir halten daran fest, dass es kein Entrinnen vor diesem Gericht, dem zweiten Tod, gibt, es sei denn, dass jemand bereits während seines Lebens auf der Erde Gott seine Sünden bekannt und das Werk des Herrn Jesus für sich in Anspruch genommen hat.

Es ist nicht so, dass Gott diese Menschen schließlich einmal vernichten wird; davon kennt die Heilige Schrift nichts. Die klare Aussage ist, dass alle, die in den Feuer- und Schwefelsee geworfen werden, dort einer unaufhörlichen Pein ausgesetzt sind.

Ausklang

Wie können wir im Licht dieser Ereignisse nun die gegenwärtigen Entwicklungen beurteilen?

Ich hatte einmal bei einem gemeinsamen Mittagessen ein Gespräch mit einem Geschäftspartner. Wir kamen auf den Golfkrieg zu sprechen und auf die möglichen wirtschaftlichen Auswirkungen. Wir fragten uns gegenseitig, wie die Probleme eigentlich dauerhaft gelöst werden könnten. Mein Geschäftspartner meinte: „Wissen Sie, im Grunde sind es doch immer Religionskriege." Das machte mich stutzig. Ich überlegte einen Augenblick und sagte: „Ich denke, Sie haben Recht." Ich zog ein Blatt Papier aus meiner Mappe und fragte ihn, ob ich ihm einmal aufmalen dürfe, was die Bibel zu diesem Problem sagt.

Ich legte das Blatt Papier auf die Mitte des Tisches und fertigte folgende Skizze an:

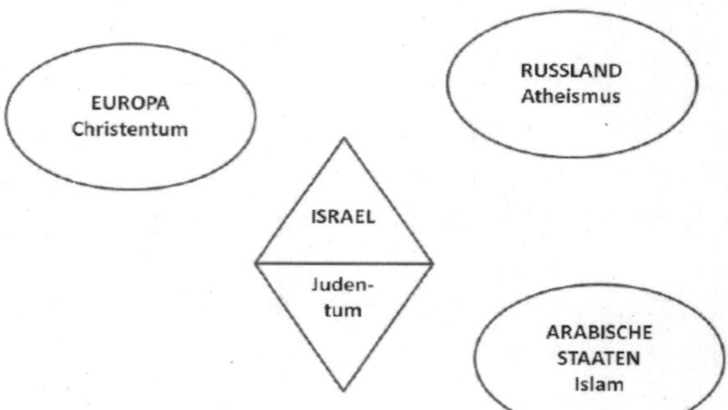

Wir schauten gemeinsam auf das Blatt Papier und ich wiederholte die Frage: „Wie kann das Nahostproblem dauerhaft gelöst werden?" Mein Partner schwieg einen Augenblick und sagte dann: „Israel muss da weg." Genau das ist die Absicht der arabischen Staaten.

Dann erklärte ich mit wenigen Worten, was geschehen wird: Zuerst der Angriff Ägyptens gegen Israel, dann der grausame Einfall des Königs des Nordens in Israel, der weiterzieht nach Ägypten, anschließend der Aufmarsch der europäischen Heere in Harmagedon, die dort von Christus vernichtet werden, dann das Ende des Königs des Nordens, das Gericht an den arabischen Nachbarstaaten und schließlich das Heranziehen der russischen Heere und ihr Ende auf den Bergen Israels.

Ich strich einen Kreis nach dem anderen durch: zuerst den Kreis des christlichen Abendlandes, dann den Kreis der arabischen Staaten und schließlich den Kreis Russlands. Und was blieb übrig? Das winzige Fleckchen Israel.

Ich sagte: „Gott wird dafür sorgen, dass der Nahostkonflikt gelöst wird, aber anders, als die meisten Menschen sich das heute vorstellen."

Ich hatte im Lauf der Erklärungen mehrere Bibelstellen zitiert. Mein Gesprächspartner bat mich, ihm diese Bibelstellen auf ein Blatt Papier zu schreiben, das er mir reichte. Was tat ich lieber als das? Von sich aus sagte er: „Ich werde diese Stellen heute Abend in meiner Bibel nachlesen."

„Aber", sagte er, „wo bleibt denn Amerika?" – „Ich weiß es nicht", antwortete ich. „Die Bibel macht nach meinem Verständnis keine direkten Aussagen über Amerika. Amerika liegt außerhalb des prophetischen Gesichtskreises. Ob Amerika als ein ‚Anhang' zu dem

‚vereinigten Europa' gesehen wird oder ob es in politische Bedeutungslosigkeit versinkt, vermag ich nicht zu sagen."

„Noch eins", sagte ich, „darf ich Ihnen aber nicht verheimlichen. Kennen Sie die Entrückung?" – „Nein", antwortete er, „davon habe ich noch nichts gehört." Er gab mir sein Blatt Papier mit den Bibelstellen zurück und ich schrieb als Letztes auf: 1. Thessalonicher 4,15–18. Ich versuchte, ihm die Entrückung näher zu erklären, hatte aber den Eindruck, dass er das gedanklich nicht mehr aufnahm. Was mag er gedacht haben?

Ob sein Interesse für Gottes Wort geweckt ist? Ich würde gerne bei einer nächsten Gelegenheit weiter mit ihm über diese Dinge sprechen.

Oder ist der Herr bis dahin schon gekommen?

Schluss

Der Titel des Buches *Die Zeit des Endes* ist erst nach Fertigstellung des Manuskripts entstanden, nicht zuletzt deshalb, weil der Prophet Daniel diesen Ausdruck in Kapitel 11,40 gebraucht und der Herr Jesus selbst dreimal in Matthäus 24 von dem „Ende" sprach. Doch dieses Ende ist schließlich die Tür zu einem wunderbaren Neuanfang, nämlich dem herrlichen Friedensreich.

Wenn wir auch einerseits mit Schrecken und Entsetzen an diese Zeit furchtbarer Gerichte denken, so wissen wir doch andererseits, dass es sich bei dieser Gerichtsperiode um eine klar begrenzte Zeit handelt, die Gott der Auserwählten wegen verkürzt. Es ist eine Zeit, die den Wehen gleicht, die einer Geburt vorausgehen. Es ist daher völlig unangebracht, dass wir als Christen heute im Blick auf die Zeit der kommenden Gerichte den Kopf hängen lassen und uns einer „Weltuntergangsstimmung" hingeben. Ganz im Gegenteil – nicht nur unsere Erlösung naht (Lukas 21,28), sondern Gott wird durch die Gerichte die Erde zu einem neuen Gefäß der Entfaltung seiner Herrlichkeit machen.

Auf dieses „Ende" folgt ein großartiger Neuanfang; Gott wird aufs Neue zu seinem Volk sagen: „Siehe, ich wirke Neues; jetzt sprosst es auf; erkennt ihr es nicht? Ja, ich mache durch die Wüste einen Weg, Ströme durch die Einöde" (Jesaja 43,19). Dem, der das Ende und den Anfang in seiner Hand hält, ja, der selbst der *Anfang* und das *Ende* ist (Offenbarung 21,6; 22,13), Ihm sei Herrlichkeit, Macht und Gewalt vor aller Zeit und jetzt und in alle Ewigkeit! Amen.

Anhang I: Schema der zeitlichen Reihenfolge

Gründung des Staates Israel im Mai 1948

Zeit von unbestimmter Dauer

Entrückung der Gemeinde (1. Thessalonicher 4,16.17)

Erste Hälfte der 70. Jahrwoche Daniels (= 3½ Jahre)

Vorbereitende Gerichte in der Vorsehung Gottes (Offenbarung 6)

1. Sturz Satans aus dem Himmel (Offenbarung 12,7–12)
2. Aufstellen des Gräuelgötzen im Tempelbereich
3. Schreckliche Verfolgung der Gottesfürchtigen

Zweite Hälfte der 70. Jahrwoche Daniels (= 3½ Jahre = große Drangsal)

Posaunen- und Schalengerichte (Offenbarung 8–16)

Einfall der Könige des Südens und des Nordens in Israel

1. Schlacht bei Harmagedon (Offenbarung 19,19–21)
2. Christus erscheint auf dem Ölberg (Sacharja 14,4)
3. Gericht an den Nachbarvölkern Israels
4. Gericht der Lebendigen (Matthäus 25,31–46)
5. Vernichtung des Königs des Nordens (Daniel 11,45)

Die Zeit des 1000-jährigen Friedensreiches

Letzte Belagerung Jerusalems (Offenbarung 20,7–9)

Der große weiße Thron (Offenbarung 20,11–15)

Ewiger Zustand

Anhang II: Übersicht über Offenbarung 2 und 3 (die sieben Sendschreiben)

	Gemeinde	Kapitel	Bedeutung des Namens	Zeitabschnitt während der Kirchengeschichte (n. Chr.)	Beschreibung Christi	Kennzeichen der einzelnen Gemeinden
1	Epheser	2,1–7	Luststadt (eine Freude für Gott)	Anfangszeit der Kirche; Beginn des Verfalls (30–100)	Sieben Sterne in seiner Rechten, wandelnd inmitten der sieben Leuchter	Erstes Abweichen der Kirche; Verlassen der ersten Liebe
2	Smyrna	2,8–11	Myrrhe (Wohlgeruch durch Leiden)	Zeit der Verfolgung der Kirche (100–300)	Der Erste und der Letzte, der da starb und lebendig wurde	Der Herr prüft die Kirche; Satan als brüllender Löwe
3	Pergamus	2,12–17	Hochburg (wo Satan wohnt)	Zeit der Christianisierung des Abendlandes seit Konstantin dem Großen (300–600)	Der das scharfe und zweischneidige Schwert hat	Satan als Engel des Lichts; die Kirche stellt sich unter den Schutz der Welt
4	Thyatira	2,18–29	Opfertor, oder: Ich verderbe	Zeit der röm.-kath. Kirche, Papsttum im Mittelalter (600–1500) – Beginn unter Gregor I. d. Gr. (Papst von 590–604)	Der Sohn Gottes, der Augen hat wie eine Feuerflamme, Füße gleich glänzendem Kupfer	Die Kirche herrscht über die Welt
5	Sardes	3,1–6	Übriggebliebener	Zeit des Protestantismus und des Pietismus (1500–1750)	Der die sieben Geister Gottes hat und die sieben Sterne	Ein Überrest aus Thyatira, der röm.-kath. Kirche
6	Philadelphia	3,7–13	Bruderliebe	Zeit einer besonderen weltweiten Erweckung (1750–1900)	Der Heilige und Wahrhaftige, der den Schlüssel Davids hat	Absonderung eines Überrests sowohl aus Thyatira als auch aus Sardes
7	Laodizea	3,14–22	Volksrecht o. Volksentscheidung	Das christliche Zeugnis in seiner Endphase (1900 – Kommen Christi)	Der Amen, der treue und wahrhaftige Zeuge, der Anfang der Schöpfung Gottes	Das Licht Philadelphias wird abgelehnt oder ist wieder verlorengegangen

Bei den Zeitangaben sehen wir einmal davon ab, dass die letzten vier Gemeinden (oder Kirchen) bis zum Kommen des Herrn bestehen bleiben, da ja sein Kommen in diesen vier Sendschreiben angekündigt wird.

Anhang III: Übersicht über die Gerichte in der Offenbarung (die Siegel-, Posaunen- und Schalengerichte)

	Siegel	Posaunen	Schalen
1	**Weißes Pferd**: Zog aus siegend und damit er siegte. Aufkommen eines gewaltigen Herrschers, der auf verhältnismäßig friedliche Weise sehr stark wird (6,1.2)	Hagel, Feuer, Blut auf die Erde. Der 3. Teil der **Erde** verbrennt; 3. Teil der Bäume usw. (8,7)	**Erde**: Ein böses und schlimmes Geschwür kommt an die Menschen, die das Malzeichen des Tieres haben und sein Bild anbeten (16,2)
2	**Feuerrotes Pferd**: Der Friede wird von der Erde weggenommen. Es entstehen Revolten, Bürgerkriege, Anarchien und Terrorismus (6,3.4)	Brennender Berg stürzt ins **Meer**. Der 3. Teil des Meeres wird zu Blut. 3. Teil der Schiffe usw. (8,8.9)	**Meer**: Es wird zu Blut, wie von einem Toten. Alle Meerestiere sterben (16,3)
3	**Schwarzes Pferd**: Waage, Hungersnot. Wirtschaftliche Zusammenbrüche, Geldinflation, Verknappung der Grundnahrungsmittel (6,5.6)	Brennender Stern fällt auf **Ströme und Wasserquellen**. 3. Teil des Wassers wird bitter (8,10.11)	**Ströme und Wasserquellen**: Alles wird zu Blut. Das Blut der Heiligen wird gerächt (16,4–7)
4	**Fahles Pferd**: Tod und Hades, Hunger und wilde Tiere. Massensterben durch Hunger, Epidemien und Seuchen (6,7.8)	3. Teil der **Gestirne** wird verfinstert. 3. Teil des Tages und der Nacht (8,12)	**Sonne**: Die Sonne versengt die Menschen mit Feuer. Trotz großer Hitze lästern diese Menschen den Namen Gottes (16,8.9)
5	**Altar**: Die Märtyrer der ersten 3½ Jahre rufen nach Rache (6,9–11)	Die **gottlosen Juden** werden durch den Assyrer gequält (9,1–11)	**Thron des Tieres**: Das Reich des Tieres wird verfinstert. Die Menschen zerbeißen ihre Zungen vor Pein und lästern den Gott des Himmels (16,10.11)
6	**Sonne, Mond und Sterne**: Ordnungsgefüge zerbrechen (6,12–17)	**Verderbliche Einflüsse** aus dem Orient. Der 3. Teil der Menschen wird getötet (9,12–21)	**Strom Euphrat**: Sein Wasser vertrocknet; der Weg der Könige von Sonnenaufgang wird bereitet (16,12)
7	**Sieben Engel – sieben Posaunen**: Der Hohepriester gibt den Gebeten Kraft (8,1–5)	Der **Zorn Gottes** und die Herrschaft Christi (11,15–18)	**Luft**: Ein großes Erdbeben. Die große Stadt wird in drei Teile geteilt. Babylon (= die abtrünnige Christenheit) kommt ins Gedächtnis vor Gott. Jede Insel entflieht. Berge werden nicht gefunden. Hagelsteine fallen auf die Menschen; dennoch lästern sie Gott (16,17–21)

Anhang IV: Das Römische Reich

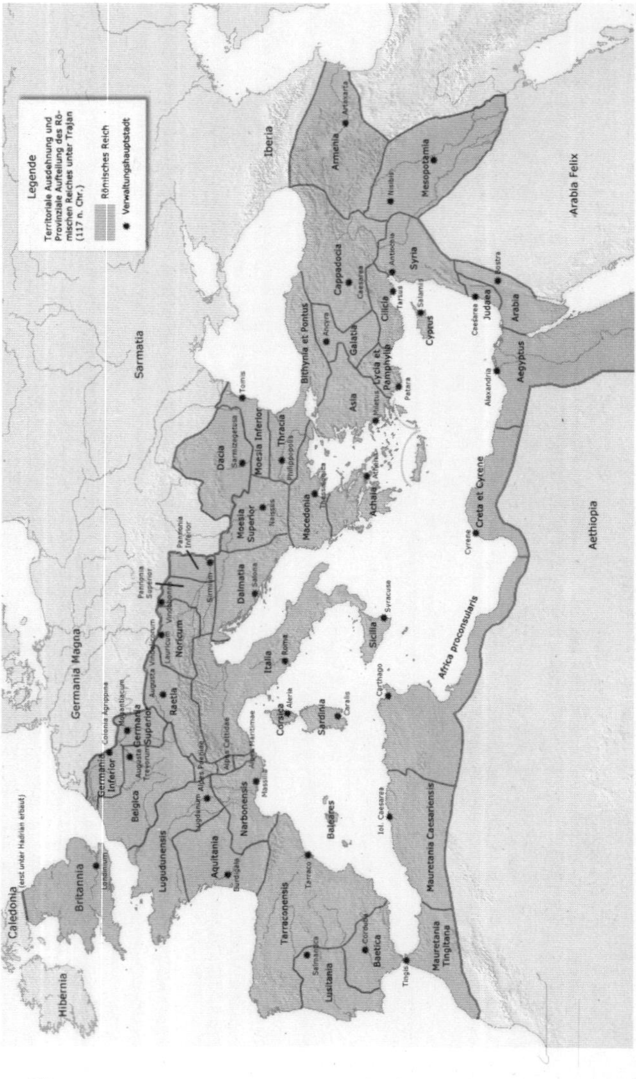

Anhang V: Der Vordere Orient

Anhang VI: Israel heute

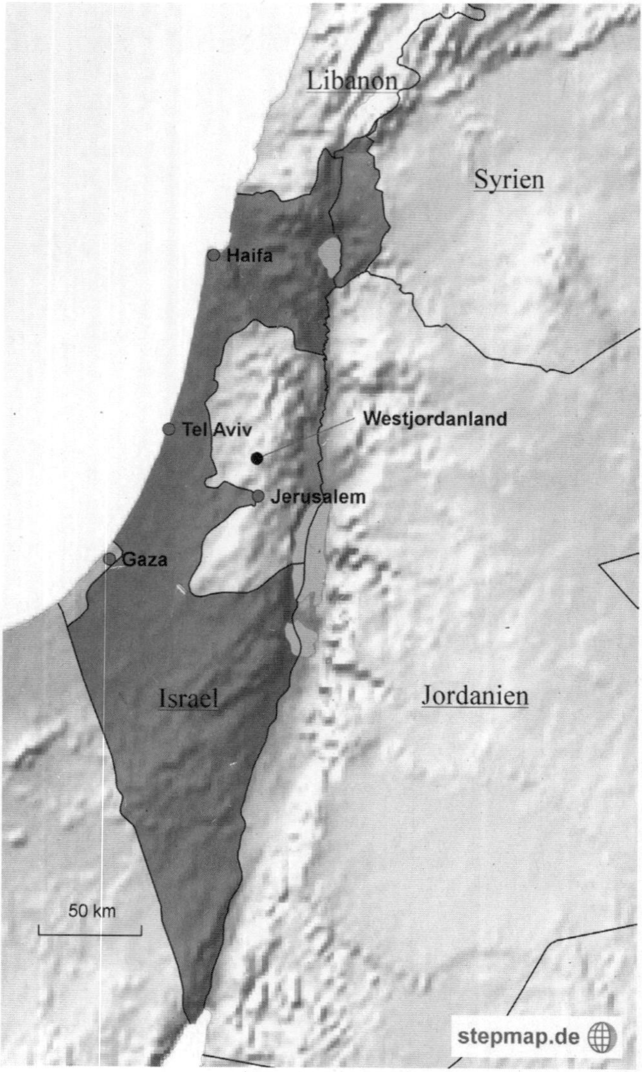

Anhang VII: Bibliographie

Befragte und weiterführende Literatur zu diesem Thema

- *Bibelpanorama*
- *Betrachtungen über die Psalmen* (H. Rossier)
- *Der Unterschied zwischen der Ankunft des Herrn zur Aufnahme Seiner Heiligen und Seiner Erscheinung in Herrlichkeit* (H. C. Voorhoeve)
- *Die christliche Hoffnung* (W. J. Ouweneel)
- *Die Entrückung der Gläubigen – Gehen Kinder Gottes durch die große Drangsal?* (Chr. Briem)
- *Die Offenbarung* (W. Kelly)
- *Die Sendschreiben* (L. Chaudier)
- *Die symbolische Sprache der Offenbarung* (H. Rossier)
- *Die Zukunft* (H. L. Heijkoop)
- *Die Zukunft der Stadt des großen Königs* (W. J. Ouweneel)
- *Einführung in das Studium der Prophetie* (M. Tapernoux)
- *Grundzüge des Neuen Testamentes*, Band 6, Johannesbriefe bis Offenbarung (F. B. Hole)
- *Kommende Herrlichkeiten* (W. Scott)
- *Maleachi, angewendet auf die heutige Zeit*, Hilfe und Nahrung, 26. und 27. Jahrgang (W. A. Lickley)
- *Umriss der prophetischen Ereignisse, die bald geschehen müssen* (E. C. Hadley)
- *Von Ewigkeit zu Ewigkeit* (A. E. Booth)
- *Was bald geschehen muss* (E. Dönges)
- *Weltgeschichte im Visier des Propheten Daniel* (R. Liebi)

Literatur in holländischer Sprache

- *Babylon, Beeld & Beest; Bijbelstudies over de Profetie van Daniel* (J. G. Fijnvandraat)
- *De Openbaring van Jezus Christus*, 2 Bände (W. J. Ouweneel)

Literatur in englischer Sprache

- *Exposition of the Revelation of Jesus Christ* (W. Scott)
- *Lectures on the Book of the Revelation* (W. Kelly)
- *Revelation of Jesus Christ* (W. R. Hartridge)

Weitere Bücher des Verfassers

- *Zwischen Bethel und Ai*, Hückeswagen (CSV) 1995
- *Ihr seid Christi Leib*, Hückeswagen (CSV) 1996
- *Schöpfung und Sündenfall*, Hückeswagen (CSV) 1996
- *Meine Feste – Eine Auslegung zu 3. Mose 23*, Hückeswagen (CSV) 1999
- *24 Lebensregeln*, Lychen (Daniel-Verlag) 2004
- *Tausend Jahre Frieden*, Lychen (Daniel-Verlag) 2004
- *Die Briefe des Paulus an die Thessalonicher*, Lychen (Daniel-Verlag) 2006
- *Heute noch Gemeindezucht?*, Lychen (Daniel-Verlag) 2006
- *Du bist würdig – Einführung in das Buch der Offenbarung*, Lychen (Daniel-Verlag) 2006
- *Herrlichkeiten Jesu Christi*, Lychen (Daniel-Verlag) 2007

- *Das Lied der Lieder,* Lychen (Daniel-Verlag) 2008
- *Die Opfer – Bibelstudien über 3. Mose 1–7*, Lychen (Daniel-Verlag) 2010
- *Was bald geschehen muss – Die Offenbarung aus der Vogelperspektive*, Lychen (Daniel-Verlag) 2010
- *Der Prophet Maleachi – Das Buch der frechen Fragen*, Lychen (Daniel-Verlag) 2011
- *Die Endzeitrede Jesu in Matthäus 24 und 25*, Lychen (Daniel-Verlag) 2013

Alle Bücher sind beim Herausgeber erhältlich